いっきにわかる!

世界史のミカタ

7つの新しい「見方」が世界史学習の最強の「味方」になる!

島崎 晋
Susumu Shimazaki

JN231759

辰巳出版

はじめに

世界史か日本史かに関わらず、歴史を苦手とする人はたくさんいます。学校での暗記中心の授業や入学試験の問題の出し方などに原因があるように思うのですが、世界史の場合、地域単位で時系列順に教えるばかりの授業も大きなネックになっていると思います。

時系列とは、いわば「タテ軸」のこと。歴史をこのタテ軸で読むこと、つまり『タテ読み』することはとても大切なことです。しかし、これを従来の地域単位でやってしまうと、その地域のさまざまなテーマを横断的に時系列で読むこと、つまり「ヨコ読み」＋「タテ読み」をしないとなりません。

本来、その地域の歴史が同時代の「世界の歴史」において、どのような意味を持つのかということを明らかにすることこそが、世界史の意義だと思います。

それでは、具体的にどうすればよいのでしょうか。やり方はいろいろあると思いますが、本書では「指導者」「経済」「宗教」「地政学」「軍事」「気候」「モノ」という7つのテーマに限定し、それを「世界の歴史」という観点から『タテ読み』するという方法を選びました。これなら、各テーマごとに古代から現代まで通読できるので、広範で途切れ途切れの横断的な歴史の授業がもたらす疲労感から解放されるはずです。各テーマを読み終えるたびに相応の達成感も得られ、知らず知らずのうちに世界史通になっていることでしょう。

これからの日本人は好むと好まざるとに関係なく、国際人であることが求められます。世界という戦場で生き残るためには世界情勢を把握しておくことが必須となり、世界史の学習はその第一歩でもあるのです。言い方を変えれば、日本の置かれている立場やこれから進むべき道を探るためにも、受験生だけでなく社会人全般にも世界史への理解が求められるわけです。

とはいえ、無味乾燥な内容ではなかなか興味がわかないので、本書では、「シルクロードのメインは陸路ではなく海路だった」、「3つの宗教の聖地エルサレムに戦略上の価値は皆無だった」、「ヨーロッパで世界大戦といえば、第二次ではなく第一次を指す」などといった、知っているようで知らない意外なネタも随所に盛り込むことで、内容にさらなる彩りを添えています。

7つの新しい「見方」が世界史学習の最強の「味方」になる。最短で最省力の世界史学習書。7つのテーマを「タテ読み」すれば、世界史をワシづかみできる……など、本書を読んでいただければ、それが決して誇大宣伝でないとわかっていただけると思います。

本書が、世界史攻略のための新たな第一歩になれば幸いです。

島崎 晋

世界史の流れがよくわかる！略年表―❶

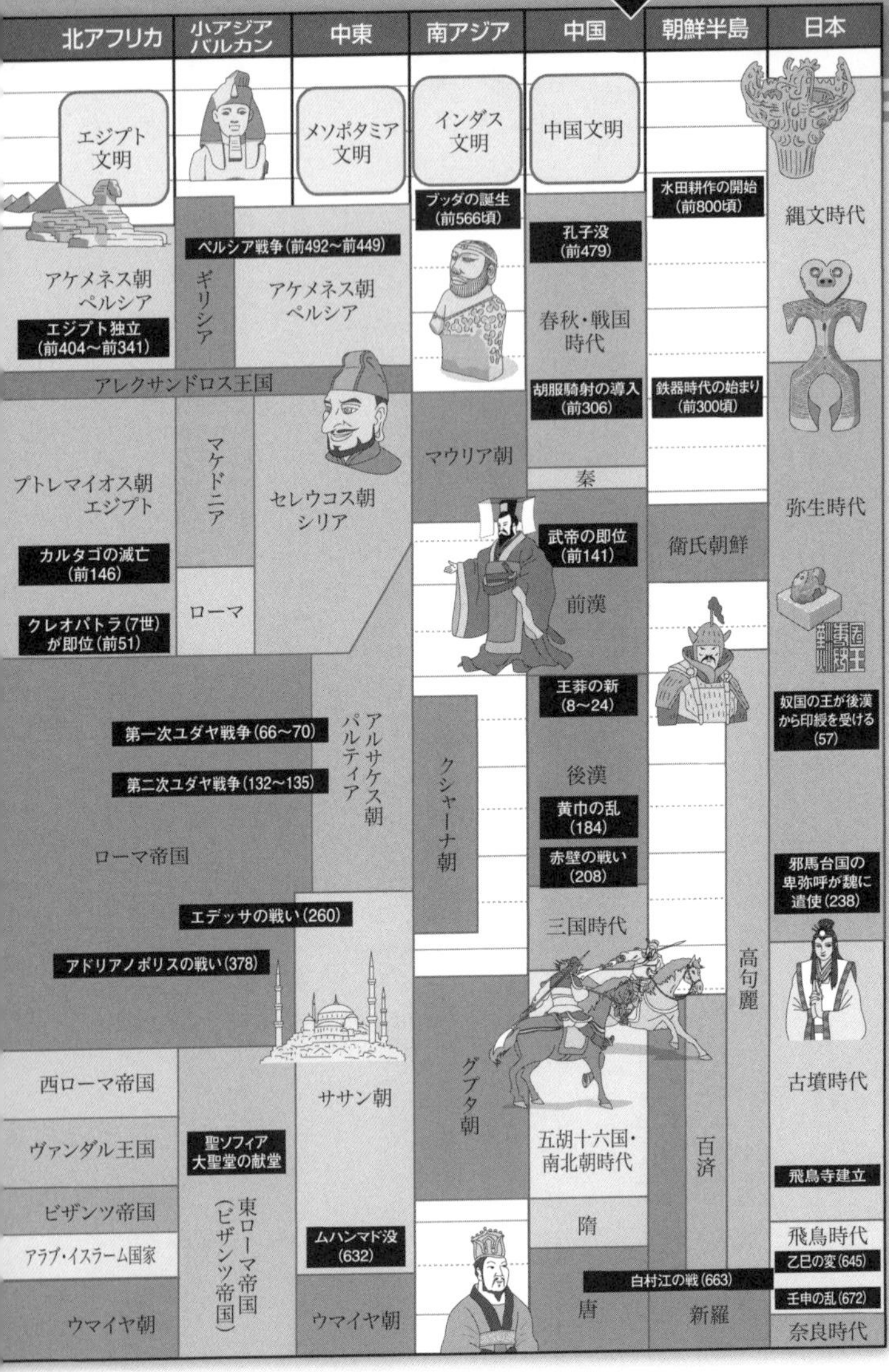

北アフリカ
小アジア バルカン
中東
南アジア
中国
朝鮮半島
日本
エジプト文明
メソポタミア文明
インダス文明
中国文明
水田耕作の開始（前800頃）
縄文時代
ブッダの誕生（前566頃）
孔子没（前479）
ペルシア戦争（前492～前449）
アケメネス朝ペルシア
ギリシア
アケメネス朝ペルシア
春秋・戦国時代
エジプト独立（前404～前341）
アレクサンドロス王国
胡服騎射の導入（前306）
鉄器時代の始まり（前300頃）
マケドニア
マウリア朝
秦
プトレマイオス朝エジプト
セレウコス朝シリア
弥生時代
武帝の即位（前141）
衛氏朝鮮
カルタゴの滅亡（前146）
前漢
ローマ
クレオパトラ（7世）が即位（前51）
王莽の新（8～24）
奴国の王が後漢から印綬を受ける（57）
第一次ユダヤ戦争（66～70）
アルサケス朝パルティア
クシャーナ朝
後漢
第二次ユダヤ戦争（132～135）
黄巾の乱（184）
ローマ帝国
赤壁の戦い（208）
邪馬台国の卑弥呼が魏に遣使（238）
エデッサの戦い（260）
三国時代
アドリアノポリスの戦い（378）
高句麗
西ローマ帝国
ササン朝
グプタ朝
古墳時代
ヴァンダル王国
聖ソフィア大聖堂の献堂
五胡十六国・南北朝時代
百済
ビザンツ帝国
飛鳥寺建立
東ローマ帝国（ビザンツ帝国）
隋
飛鳥時代
アラブ・イスラーム国家
ムハンマド没（632）
乙巳の変（645）
白村江の戦（663）
壬申の乱（672）
ウマイヤ朝
ウマイヤ朝
唐
新羅
奈良時代

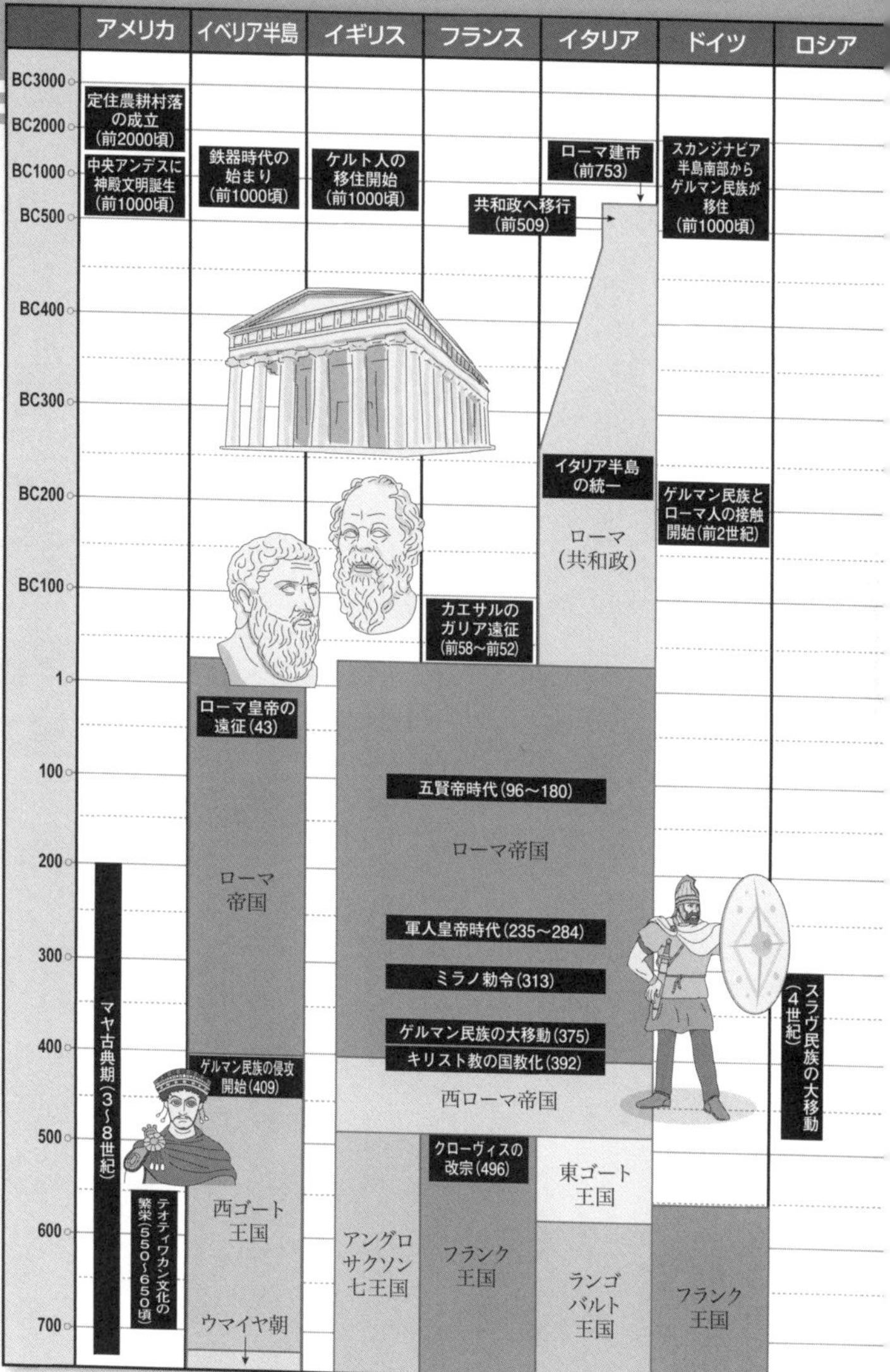

アメリカ
イベリア半島
イギリス
フランス
イタリア
ドイツ
ロシア
BC3000
BC2000
BC1000
BC500
BC400
BC300
BC200
BC100
1
100
200
300
400
500
600
700
定住農耕村落の成立(前2000頃)
中央アンデスに神殿文明誕生(前1000頃)
鉄器時代の始まり(前1000頃)
ケルト人の移住開始(前1000頃)
ローマ建市(前753)
共和政へ移行(前509)
スカンジナビア半島南部からゲルマン民族が移住(前1000頃)
イタリア半島の統一
ローマ(共和政)
ゲルマン民族とローマ人の接触開始(前2世紀)
カエサルのガリア遠征(前58〜前52)
ローマ皇帝の遠征(43)
五賢帝時代(96〜180)
ローマ帝国
ローマ帝国
軍人皇帝時代(235〜284)
ミラノ勅令(313)
ゲルマン民族の大移動(375)
キリスト教の国教化(392)
ゲルマン民族の侵攻開始(409)
西ローマ帝国
スラヴ民族の大移動(4世紀)
マヤ古典期(3〜8世紀)
テオティワカン文化の繁栄(550〜650頃)
クローヴィスの改宗(496)
東ゴート王国
西ゴート王国
アングロサクソン七王国
フランク王国
ランゴバルト王国
フランク王国
ウマイヤ朝

世界史の流れがよくわかる！略年表 ❷

北アフリカ
小アジア バルカン
中東
南アジア
中国
朝鮮半島
日本
ウマイヤ朝
アッバース朝
新都カイロの完成(972)
ファーティマ朝
アイユーブ朝
マムルーク朝
オスマン帝国
ナポレオンの東方遠征(1798～1801)
スエズ運河開通(1801)
スエズ運河が英仏の国際管理下に(1876)
北アフリカ諸国
「アラブの春」始まる(2010)
東ローマ帝国［ビザンツ帝国］
十字軍国家
ラテン帝国(1204～60)
クリミア戦争(1853～56)
ベルリン条約(1878)
第一次世界大戦
トルコ
バルカン諸国
ギリシア
ウマイヤ朝
アッバース朝
セルジューク朝
ルーム・セルジューク朝
イル＝ハン国
黒羊朝
白羊朝
サファヴィー朝
カジャール朝
立憲革命(1905)
パフラヴィー朝
イラン・イラク戦争(1980～88)
イスラエル／アラブ諸国
イラン
ガズナ朝
ムガル帝国
プラッシーの戦い(1757)
インド帝国
パキスタン
インド
バングラデシュ
安史の乱(755～763)
唐
黄巣の乱(875～884)
五代十国時代
王安石の新法(1069～74)
宋
遼
西夏
金
モンゴル帝国の興隆
元
土木の変(1449)
明
ヌルハチ挙兵(1616)
清
アヘン戦争(1840～42)
日清戦争(1894～95)
中華民国
毛沢東・周恩来没(1976)
中華人民共和国
北京オリンピック(2008)
新羅
後三国時代(904～936)
高麗建国(918)
新羅の滅亡(935)
高麗
ハングルの創製(1446)
朝鮮王朝
豊臣秀吉の朝鮮出兵(1592～93、97～98)
朝鮮戦争(1950～53)
北朝鮮
韓国
南北首脳会談(2018)
奈良時代
平安時代
平将門の乱(935)
摂関政治
院政
鎌倉時代
元寇(1274、81)
室町時代
勘合貿易の開始(1404)
応仁の乱(1467～77)
安土桃山時代
江戸時代
元禄赤穂事件(1701～03)
享保改革(1716～45)
天保改革(1841～43)
大日本帝国
日本国
明治・大正時代
昭和・平成時代

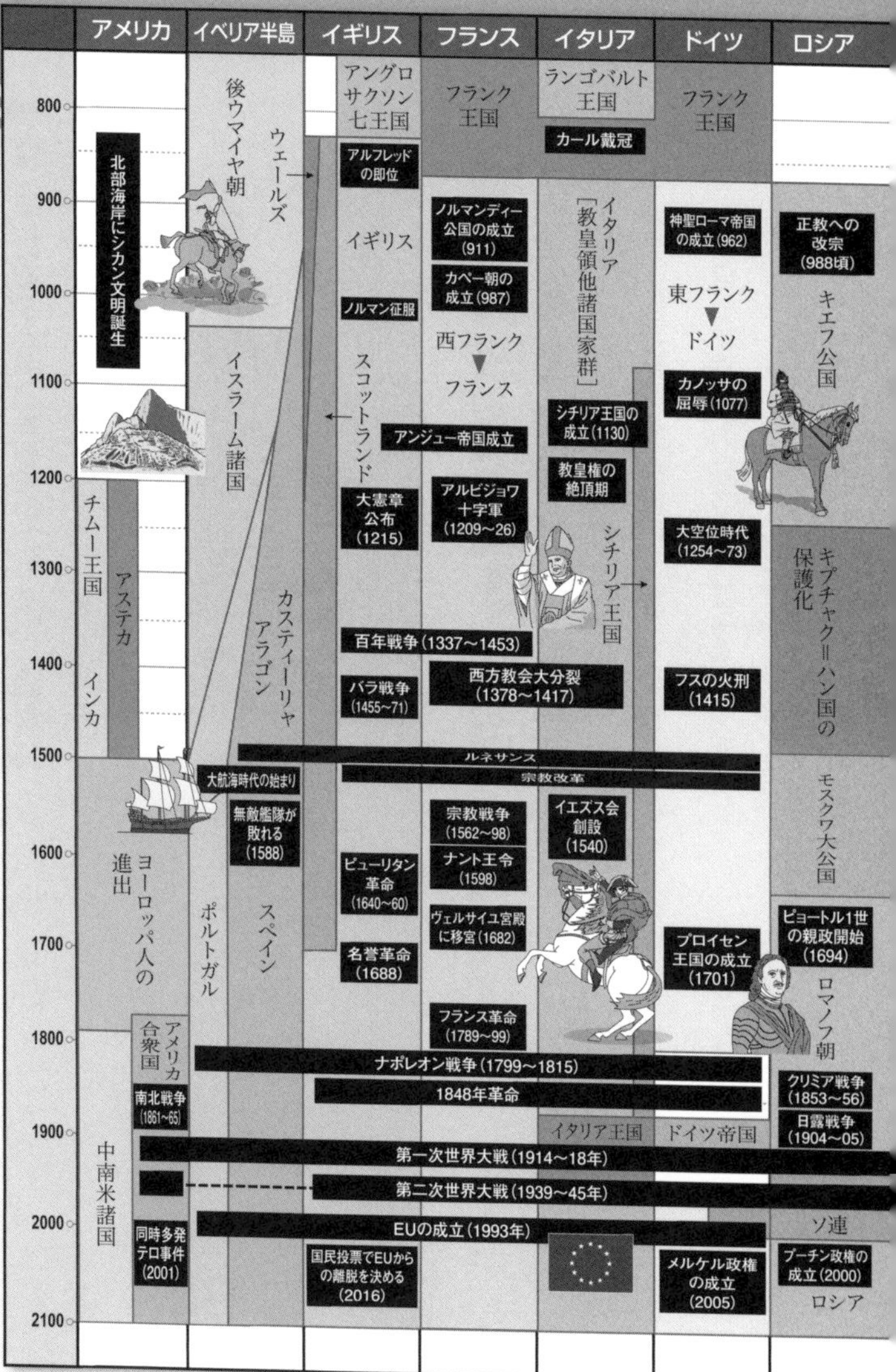
アメリカ
イベリア半島
イギリス
フランス
イタリア
ドイツ
ロシア
800
900
1000
1100
1200
1300
1400
1500
1600
1700
1800
1900
2000
2100
北部海岸にシカン文明誕生
チムー王国
アステカ
インカ
ヨーロッパ人の進出
アメリカ合衆国
南北戦争(1861~65)
中南米諸国
同時多発テロ事件(2001)
後ウマイヤ朝
イスラーム諸国
カスティーリャ
アラゴン
大航海時代の始まり
無敵艦隊が敗れる(1588)
ポルトガル
スペイン
ウェールズ
スコットランド
アングロサクソン七王国
アルフレッドの即位
イギリス
ノルマン征服
アンジュー帝国成立
大憲章公布(1215)
百年戦争(1337~1453)
バラ戦争(1455~71)
ピューリタン革命(1640~60)
名誉革命(1688)
国民投票でEUからの離脱を決める(2016)
フランク王国
ノルマンディー公国の成立(911)
カペー朝の成立(987)
西フランク
フランス
アルビジョワ十字軍(1209~26)
西方教会大分裂(1378~1417)
宗教戦争(1562~98)
ナント王令(1598)
ヴェルサイユ宮殿に移宮(1682)
フランス革命(1789~99)
ランゴバルト王国
カール戴冠
イタリア[教皇領他諸国家群]
シチリア王国の成立(1130)
教皇権の絶頂期
シチリア王国
イエズス会創設(1540)
イタリア王国
フランク王国
神聖ローマ帝国の成立(962)
東フランク
ドイツ
カノッサの屈辱(1077)
大空位時代(1254~73)
フスの火刑(1415)
プロイセン王国の成立(1701)
ドイツ帝国
メルケル政権の成立(2005)
正教への改宗(988頃)
キエフ公国
キプチャク=ハン国の保護化
モスクワ大公国
ピョートル1世の親政開始(1694)
ロマノフ朝
クリミア戦争(1853~56)
日露戦争(1904~05)
ソ連
プーチン政権の成立(2000)
ロシア
ルネサンス
宗教改革
ナポレオン戦争(1799~1815)
1848年革命
第一次世界大戦(1914~18年)
第二次世界大戦(1939~45年)
EUの成立(1993年)

【『いっきにわかる！　世界史のミカタ』　目次】

はじめに——2

世界史の流れがよくわかる！［略］年表——4

第1章 「指導者」を押さえれば世界史がわかる　17

1 古代中国の皇帝～中国の骨組みをつくった王たち——18
2 ローマ帝国の皇帝～世襲ではなく、誰にでもチャンスがあった——21
3 イスラーム草創期の指導者～最後にして最大の預言者・ムハンマド——24

4 大帝国を築いた指導者 ～世界を揺るがした三人の王 ―― 28
5 独立運動の指導者 ～身を賭して尽力したリーダーたち ―― 32
6 改革を断行した指導者 ～大きな成果をあげた二人の大王 ―― 35
7 近現代中国の指導者 ～いずれ劣らぬ曲者ぞろい ―― 38
8 アメリカの指導者 ～外交政策を転換させた大統領 ―― 41
9 20世紀の独裁者 ～歴史に悪名を残す主役たち ―― 44

第2章
「経済」を押さえれば世界史がわかる

47

1 専売制 ～中国・前漢で塩と鉄を対象にしたのが始まり ―― 48
2 朝貢貿易 ～利益度外視で実施する ―― 51
3 紙幣の誕生 ～定着に長い時間がかかる ―― 54

4 利子の合法化 ～カトリックでは大きく遅れをとる――57
5 インド洋交易 ～イスラーム商人のあと、西欧列強が相次いで参入――60
6 オランダの盛衰 ～スペインとの独立戦争からアジア貿易に進出――64
7 ヨーロッパ諸国の奴隷貿易 ～アフリカを交えた三角貿易の選択――67
8 世界恐慌 ～市場の暴落が世界を危機に陥れる――70
9 所得の再分配 ～格差社会の先には未来はない――74

第3章 「宗教」を押さえれば世界史がわかる

77
1 ユダヤ教 ～周囲に同化されないために特異な戒律を設ける――78
2 仏教 ～それぞれの宗派が一個の宗教のように発展する――80
3 儒教と道教 ～中国社会で表と裏の補完関係の歴史を歩んできた――84

4 ミラノ勅令 ～ローマ帝国で迫害から公認、さらには国教化へ――87
5 東方教会 ～西方教会とは別の道を歩み、民族宗教の色合いを帯びる――90
6 正統と異端 ～異教徒にはまったく理解できない「異端」――94
7 エルサレム ～何度も争奪の対象とされてきた聖地――97
8 宗教改革 ～不適切だった？ 旧教・新教という訳語――100
9 シーア派宣言とワッハーブ運動 ～イスラーム復興の流れを築いた二つの潮流――103

第4章 「地政学」を押さえれば世界史がわかる

107
1 オリエントの大河 ～豊富な水に支えられた二大文明――108
2 黄河 ～開始時期はほぼ同じでも長江文明を大きく突き放す――111
3 地中海 ～地中海を征する者は世界を制するといわれた――114

第5章

「軍事」を押さえれば世界史がわかる

137

4 山脈～外敵の侵攻を防ぐ天然の防壁――118
5 オアシス～草原や砂漠地帯には不可欠なスポット――122
6 大西洋～アメリカ大陸原産のジャガイモとトウモロコシが世界を変えた――125
7 海峡～ジブラルタルやボスポラスでパワー・ゲームが展開される――127
8 運河～物流の歴史と世界経済の秩序をも変える――130
9 油田～採掘と原油の実用化により、砂漠地帯がホットスポットに――133

1 胡服騎射～戦争の様相を大きく変えた騎馬戦術――138
2 アラブ軍～二大大国の疲弊に乗じる――141
3 モンゴル軍～事前の情報収集と宣伝工作で向かうところに敵なし――144

4 火薬 〜爆薬から鉄砲、大砲へと進化 —— 147
5 百年戦争 〜フランス軍は同じ轍を踏み、二度も大敗する —— 150
6 オスマン帝国 〜ヨーロッパ全土を震撼させた常勝軍 —— 153
7 第一次世界大戦 〜新兵器が続々と登場する —— 156
8 核兵器 〜戦争の抑止力になりながら、一度でも使われたら大惨事に —— 159
9 湾岸戦争 〜科学技術の優劣が勝敗を決する —— 163

第6章 「気候」を押さえれば世界史がわかる

167
1 最終氷期の終了 〜人類の定住化と文明誕生の条件が整う —— 168
2 紀元前の気候変動 〜インダス文明を衰退させたのは？ —— 171
3 2世紀の自然災害 〜東アジアでは後漢、ヨーロッパではローマ帝国を揺るがす —— 174

4 9世紀の異常気象 ～北アジアでは寒冷化、中米ではマヤ文明の終焉 177
5 14世紀の異常気象 ～中国では反乱が頻発、ヨーロッパでは黒死病が流行 180
6 火山の噴火 ～フランス革命の直接の原因はアイスランドの火山噴火だった? 184
7 大寒波 ～「冬将軍」がナポレオンの世界制覇の野望を打ち砕く 187
8 地球温暖化 ～人類に迫られる、制御すべきか自然に任すべきかの選択 189

第7章 「モノ」を押さえれば世界史がわかる

193
1 シルク ～生活必需品ではなく、贅沢品の象徴だった 194
2 鉄 ～侵攻時に真っ先に抑えるべきは鉄の産地だった 197
3 香辛料 ～大航海時代の呼び水ともなった生活必需品 200
4 銅銭 ～日本をはじめ、各地で重宝された中国製の銅銭 204

5 銀 〜国際通貨として通用し、一時はスペインが市場を独占―― 207
6 新作物 〜人口爆発の要因となったサツマイモ、落花生、トウモロコシ―― 209
7 茶 〜英国社会に浸透した喫茶の習慣がアヘン戦争の遠因となった―― 213
8 焼き物 〜白い磁器製造に最初に成功したのはドイツのザクセン公だった―― 216
9 金 〜アメリカのゴールドラッシュは移民社会を生み出した―― 219

装幀　杉本欣右
図版作成　笹森識
DTP作成　若松隆
編集協力　荻野守（オフィスON）
編集担当　湯浅勝也

第1章

「指導者」を押さえれば世界史がわかる

1 古代中国の皇帝 〜中国の骨組みをつくった王たち
2 ローマ帝国の皇帝 〜世襲ではなく、誰にでもチャンスがあった
3 イスラーム草創期の指導者 〜最後にして最大の預言者・ムハンマド
4 大帝国を築いた指導者 〜世界を揺るがした三人の王
5 独立運動の指導者 〜身を賭して尽力したリーダーたち
6 改革を断行した指導者 〜大きな成果をあげた二人の大王
7 近現代中国の指導者 〜いずれ劣らぬ曲者ぞろい
8 アメリカの指導者 〜外交政策を転換させた大統領
9 20世紀の独裁者 〜歴史に悪名を残す主役たち

1 古代中国の皇帝 ～中国の骨組みをつくった王たち

古代中国の君主の称号には、上から順番に**帝**、**王**、**公**などがありましたが、帝は野心の過剰な君主が自ら使うのみで、殷・周を通じて君主の称号は王が普通でした。春秋時代には周王の権力と権威が著しく衰え、その時々にもっとも力のある公が諸侯のまとめ役を担いました。

それでも、その春秋時代初めには、王と称する者は周王一人に限られました。ところが、春秋時代中頃には長江中流域に建国した楚を最初として、長江下流域の呉・越などの君主までもが王と称して、中華（世界の中心）の地に何人もの王が並び立つ事態となります。戦国時代には諸侯の淘汰が進むと同時に、黄河流域の君主も王と称し、戦国七雄（秦・楚・斉・燕・趙・魏・韓）と総称される七大国が攻防を展開することとなりました。

こうしたなか、最初に特記すべき人物は**秦王の政**です。彼は他の六国を次々と滅ぼし、前221年には天下統一を実現させます。その版図は殷・周の直轄地を大きく上回り、現在につながる中国固有の領土のひな型ともなりました。

ひな型といえば、現在につながる漢民族のそれを築いたのも秦王政で、戦国七雄間ではばらばらだった貨幣、度量衡、文字の書体、車体の幅などを統一したうえ、西方の異民族出身であった秦の民をも中華の正統な構成員とし、漢字という共通の文化のもと新たな中華民族の枠組みをつくったのも彼だったのです。

秦王政は君主の称号にもこだわりました。天下統一という大事業を成し遂げた自分には従来の帝や王に代わる、新たな称号が相応《ふさわ》しい。重臣たちの提案も斟酌したうえで、秦王政が決めたのは「皇帝」という称号です。「皇」の字には「煌々たる（明るく照らすさま）」という意味があり、帝より上の地位を表す称号として最適と判断され、秦王政はみずから**始皇帝**と称したのでした。

人気まんが『キングダム』でも重要なカギを握る存在の、のちの始皇帝

秦王朝は徹底した法治主義が災いして、始皇帝の死後まもなく崩壊します。しばしの動乱の世を経て、新たに成立したのは漢王朝でした。漢王朝では始皇帝の施政方針を否定しながら、皇帝の称号だけは引き継ぎ、初代皇帝となった

のは**劉邦（高祖）**という遊び人あがりの人物でした。

遊び人あがりとはいえ、高祖は人並み外れて度量が広く、適材適所に人を使う能力に長けていたため、動乱の世を制することができたのです。功臣たちにも気前よく、地方の王に封じるなどしましたが、それは結果として皇帝直属の中央軍を弱体化させ、北方民族の匈奴との戦いで惨敗を喫する事態を招きました。以来漢王朝は匈奴に頭のあがらない時期を過ごします。

中華の民として屈辱的な状況の打開に動き出したのは6代目の景帝でした。景帝の時代、諸侯王の権力削減が強行され、呉楚七国の乱という反乱を経て、漢王朝の支配体制は郡国制から郡県制へと移行します。

こうした地ならしが済んだところで即位したのが7代目の**武帝**です。武帝は親政の開始とともに匈奴に対し攻勢に出て、勝利を重ねるのですが、その過程で西域との交通が開かれ、黄河の氾濫の被災者などを中心とした集団移住も実施されました。

武帝の頃には皇帝を天帝（天界の最高神）の代理人、「天子」とする考えと革命論も定着しました。革命とは「天命が革《あらた》まる」を意味する言葉で、これには放伐と禅譲の二種類があります。前者は無道な君主を武力で打倒することを肯定する考え、後者は徳の点で劣る君主が有徳の士に帝位を譲るのを天命（天帝の意志）とする考え方で、これは20世紀の辛亥革命にいたるまで踏襲されていきます。

2 ローマ帝国の皇帝 ~世襲ではなく、誰にでもチャンスがあった

都市国家に始まり、王政と共和政を経て、帝政へと推移した**ローマ**はやがて地中海一円を支配する大帝国へと成長を遂げます。伝説によれば、ローマ建市が前753年、7代目の王が追放され、共和政へと移行したのが前509年のことです。現在のチュニジアの地中海岸にあった都市国家カルタゴとポエニ戦争を展開するかたわら、その後は平民の地位向上が図られますが、戦争の連続による自作農の没落は避けられず、前130年代から「内乱の一世紀」と呼ばれる時代に入ります。多くの無産市民（土地などの財産を持たない貧民層）に衣食住の世話をできる者が権力を握るようになるのです。

グラックス兄弟の横死、スパルタクスの乱、第一次**三頭政治**（カエサル・ポンペウス・クラッスス）、**カエサル**の独裁化と暗殺、第二次三頭政治と情勢が目まぐるしく変化するなか、内乱に終止符を打たせ、初代皇帝となったのはカエサルの姪の子にあたる**オクタウィ**

クレオパトラに翻弄されるカエサル（左）

アヌスでした。カエサルや軍歴で勝る**アントニウス**と異なり、**クレオパトラ**に魅了されなかったのが彼の勝因で、元老院（貴族からなる議会）から、「尊厳なる者」を意味するアウグストゥスの尊号を贈られた前27年がローマ帝国成立の年とされています。

　ここで注意すべきは、アウグストゥスことオクタウィアヌスは皇帝の位についてないということで、彼が亡くなったときに帯びていた肩書は次のものでした。

「インペラトル・カエサル・神の子・アウグストゥス・大神祇官・コンスル十三回・インペラトルの歓呼二〇回・護民官職権行使三十七年目・国父」

　これらのうち、「インペラトル」は英語のエンペラーの語源ではありますが、本来は軍の最高司令官を意味する言葉です。二番目の「カエサル」はドイツ語のカイザー、ロシア語のツァーリの語源ではありますが、本来は家名の一つにすぎません。他の肩書も大なり小なり似たようなもので、皇帝にあたる肩書は皆無なのです。実のところ、アウグストゥスは皇帝には即位していませんでした。しかし、皇帝同然の権力を握ってはいました。それは前27年の属州総督としての命令権獲得、前23年の護民官職権の獲得、前19年の執政官命令権の獲得という三つの大権をあわせ持つことにより、合法化されたのです。

彼の後継者たちも同様で、**ローマ帝国とはいわば、なし崩し的に成立したのでした**。

このような性格上、ローマ帝国皇帝の座は必ずしも世襲である必要はなく、血筋が絶えれば、軍人たちの歓呼と元老院の承認さえ得られれば、誰にでもチャンスがありました。

アウグストゥスには男子がいなかったため、部下で娘婿でもある**ティベリウス**に後を継がせました。それから6代目のネロまでは血縁でつながっているため、家名をとって、ユリウス＝クラウディウス朝と呼ばれます。同様に9代目から11代目まではフラウィウス朝、優秀な将軍を養子に迎え後を継がせた五賢帝時代をはさんでセウエルス朝がきて、それが5代目で途切れると、軍人皇帝時代に入ります。

内乱に加え、帝国の二分や四分などの事態を経て、安定を回復したのは**コンスタンティノス1世**でした。彼が313年に発したミラノ勅令はキリスト教を公認したものとして知られていますが、その動機は決して宗教的なものではなく、帝国の安定を最優先する考えからいたった結論でした。

その後、**ユリアヌス**の在位期間に揺り戻しがありますが、伝統信仰の衰退はもはやどうしようもなく、ローマ帝国としては新たな精神的な求心力の設置を迫られます。当時はエジプトやアジア由来のさまざまな信仰が流行していましたが、最大の信者を有するのはパレスチナに由来するキリスト教とイランに由来するミトラス教でした。

どちらを選択するかの判断は4世紀末に君臨したテオドシウス1世に託されました。ミトラス教には大量の犠牲獣を必要とする点で伝統信仰と共通する負の側面があり、それで嫌われたのか、テオドシウスはキリスト教を選び、これを帝国の国教に定めたのでした。

ローマ帝国の東西二分が固定化されて後、西ローマ帝国は短命に終わりますが、東ローマ帝国はなお1000年の余命を保ち、そのもとで受け継がれた信仰は現在のギリシア正教やロシア正教へと連なるのでした。

3 イスラーム草創期の指導者 ～最後にして最大の預言者・ムハンマド

イスラームの歴史は預言者**ムハンマド**への啓示に始まり、正統カリフ時代、ウマイヤ朝、アッバース朝の順に推移します。3代目正統カリフの時代まで信仰共同体とイスラーム国家が完全にイコールの関係にあり、宗教指導者が政治指導者を兼ねていました。

イスラームでは一神教の先輩にあたるユダヤ教とキリスト教にも一目置き、聖書に登場する**アダム**、**ノア**、**アブラハム**、**モーセ**、**イエス**などをも「**預言者**」と認めたうえで、アラビア半島メッカ生まれのムハンマドを最後にして最大の預言者と位置づけています。

多神教徒からの迫害が強まると、ムハンマドは信者たちともども近隣のメディナに移住しますが、いつまでも居候《いそうろう》の身でいるのは体裁がよくないので、略奪目当てにメッカの隊商に対する襲撃を繰り返しました。それが原因でメッカとの全面戦争に突入すると、巧みな作戦指揮でメディナを勝利へと導きます。

ムハンマドは自分の指揮する戦いを**ジハード（聖戦）**と称しました。戦利品の獲得はあくまで結果であって、本来の目的は信仰共同体の防衛にあるとしたのです。こうした説明は、ムハンマドの後継者たちにも継承されました。

イスラームの多数派である**スンニ派**の歴史観では、ムハンマド亡き後には正統カリフ時代が訪れます。ムハンマドの愛弟子《まなでし》たちが「代理人」、「後継者」を意味するハリーファの肩書のもと、共同体を率いた時代で、教科書などに出てくる**カリフ**というのは、このハリーファの英語読みです。

実のところ、ムハンマドが亡くなったとき、後継者を巡りひと悶着ありました。メディナの信者たちが地元出身者を擁立しようとしたのです。その会合の場に乗り込んだ古参の信者たちは粘り強い交渉の結果、ムハンマドの旧友で、親族以外では最初の信者である**アブー・バクル**を後継者にすることに成功しました。アブー・バクルはメディナの信者たちのあいだでも人望があり、愛娘アーイシャがムハンマドに嫁ぎ、晩年のムハンマドの寵愛を一身に集めたという経緯もあって、大きな不満の声があがらなかったのです。

とはいえ、信仰共同体を維持するには信仰心だけに頼るわけにはいかず、戦利品という実利が必要とされました。そのため正統カリフ時代を通して、聖戦の名のもとの対外戦争と版図《はんと》の拡大が継続されます。

信者の数が増えるに伴い、きちんとした制度や体制の整備が急務となりましたが、これはほぼ2代目の**ウマル・イブン・ハッターブ**の代になされました。征服地での軍営都市の建設をはじめ、国庫の創設、税制の整備、戦士の俸給制度や帳簿の管理、政治的決定の文書化、ムハンマドのメディナへの移住日を元年元日とする独自の太陰暦の制定、法規定の整備などが行なわれたことで、信仰共同体はイスラーム国家へと変貌を遂げたのでした。

3代目のウスマーン・イブン・アッファーンの代で特筆されるのは、ムハンマドを通じて発せられた神の言葉を1冊の書物にまとめる作業です。口承のままでは違いの出てくることが避けられないため、正典を編纂する必要が生じたのです。かくして成立したのがイスラームの正典にして聖典にあたる『**クルアーン（コーラン）**』でした。

4代目のカリフにはムハンマドの従弟にして、ムハンマドの娘ファーティマの夫でもあるアリーが擁立されますが、同意しない勢力もあったため、これといった大事業をなすにはいたりませんでした。

アリーの存在はむしろ当人の死後、重大になりました。アリーは生前のムハンマドから後継者指名をされており、彼のみを預言者の正統な後継者とする集団が表れたのです。今日でいう**シーア派**がそれです。

スンニ派にとっては4代目の正統カリフであるアリーは、シーア派では初代イマームとして仰がれています。イマームとは、スンニ派では共同体の最高指導者を意味し、カリフの別称ですが、シーア派では政教両面での最高指導者の意味で使われています。

端的にいえば、スンニ派とシーア派の違いが、預言者ムハンマドの後継者として誰を正統とするかの一点につきます。冒頭に記したのはスンニ派の歴史観によるもので、シーア派ではアリーとその直系男子しか認めていないのです。

4 大帝国を築いた指導者 ～世界を揺るがした三人の王

世界史上、いくつもの大帝国が興亡を繰り返しましたが、その中でも抜きんでた人物を三人挙げるとするなら、マケドニアの**アレクサンドロス3世（大王）**とモンゴルの**チンギス・ハン**、フランスの**ナポレオン1世**は外せません。

マケドニアは現在のギリシア北部にあった国で、古代ギリシア人の感覚では同朋とはみなされず、北方の蛮族扱いでした。しかし、マケドニアはアレクサンドロスの父フィリッポス2世の代にはバルカン半島の南半分を支配下に置く大国と化していました

ときにギリシアの諸ポリス（都市国家）はペロポネソス戦争やコリントス戦争などの内乱を経て疲弊の極に達していました。おまけに自慢の重装歩兵も騎兵を有効活用したマケドニア軍相手には形無しだったのです。

父フィリッポス2世の暗殺という不慮の出来事を経て即位した**アレクサンドロス3世**は、ペルシア戦争の報復の名のもと、アジアへの遠征を開始します。

ときにアジアの大国アケメネス朝は急坂をかけ落ちるかのごとく衰退の一途をたどって

快進撃を続けて戦うアレクサンドロス大王（左）

おり、日の出の勢いを誇るマケドニア軍の相手にはなりませんでした。アレクサンドロスに命じられるまま、マケドニア軍は小アジア、シリア・パレスチナ地方、エジプトに続いて、メソポタミア、イラン本土へと軍を進めます。

アレクサンドロスはアケメネス朝を滅ぼしてからも進軍をやめず、ついにはインダス川流域にまで達しますが、ここで将兵らの強硬なサボタージュを受けたことから、それ以上の進軍をあきらめ、西へ引き返すことを決めます。将兵たちの反対に遭わなければどこまでつき進んでいたのか、想像もつきません。

次に挙げるのは、モンゴル帝国を築いた**チンギス・ハン**です。中国大陸の北方に広がる場所がモンゴル高原と呼ばれるのは、チンギス・ハンの活躍の賜物でした。

東アジアの遊牧民族といえば、匈奴や突厥が有名ですが、その内実は頂点に君臨する部族が代わるだけで、特定の部族の人口が抜きんでているわけではありませんでした。有能な指導者が現われたときだけ巨大国家が築かれ、中華王朝を圧倒したのです。

チンギス・ハンもそんな指導者の一人で、飴と鞭の使い分けにうまく長《た》けたうえに、情報戦を重んじる人でした。降伏勧告を素直に受け入れたところには寛大だった反面、一度でも抵抗したところには情け容赦なく、捕虜の運命は殺されるか奴隷として売られるかのどちらかでした。

情報戦においては、イスラームの信者であるムスリム商人を活用しました。商売上、彼らは中央アジア全都市の構造や内部事情に通じており、チンギス・ハンは彼らから集めた情報があればこそ、未知なる土地でも自信満々行動することができたのです。

チンギス・ハンの死の時点にその版図は、モンゴル高原から中国東北部、中国大陸の北半分、さらには中央アジア全体にまで及んでいました。大帝国がその後100年余りも続いたことから、モンゴルの威名は人びとの記憶に深く刻み込まれ、部族名であったものが民族名として現在に伝えられ、その出身地に名を残すことにもなったのです。

3番目に挙げるのは、フランス皇帝となった**ナポレオン**です。地中海に浮かぶコルシカ島出身の彼は、平時であればうだつの上がらない軍人で終わっていたことでしょう。けれども、フランス革命という動乱が彼の運命を一変させました。

革命政府内の対立から粛清の嵐が吹き荒れ、無政府状態に陥りかけるなか、革命で得をした都市部の富裕層は既得権を守るため、武力を持ち、事態を収拾できる人物を必要としました。そこで目をつけられたのがイタリア戦線で名を挙げたナポレオンだったわけです。

ナポレオンは彼らの期待に応え、連勝街道を歩みます。その軍の強さは彼の采配に加え、国民という新たな概念で一致団結した徴兵部隊にありました。戦力の過半数を傭兵に頼る当時にあって、ナポレオンのフランス軍は極めて特異な存在だったのです。

国民という概念も、国王の臣民や貴族の領民に代わり、フランスの全住民を一つにまとめるため急きょつくられたもので、ナポレオンのフランス軍の成功を見て、これ以降、ヨーロッパの他の国でも採用されることになります。

最盛期のナポレオンはヨーロッパ大陸全体を征服ないしは屈服させました。イギリスを破ればヨーロッパの完全制覇がなるところでしたが、すでに産業革命や商業革命を経ていたイギリスの力は他国の比ではなく、イギリスを干上がらせようと発した大陸封鎖令がロシアの強い反発を呼び、ナポレオンの目の前に暗雲が漂い始めるのでした。

ナポレオンの没落は1808年のマドリッド蜂起に始まりますが、致命的だったのは後述するモスクワ遠征の失敗でした。

5 独立運動の指導者 ～身を賭して尽力したリーダーたち

19世紀以降、列強の植民地とされた国や地域では独立運動が活発化します。その引き金となったのはナポレオン戦争を通じて振りまかれたフランス革命の理念で、20世紀に入ると、米国の**ウィルソン大統領**の唱えた民族自決の言葉が独立志向にさらなる弾みをつける結果となりました。

19世紀初頭、中米カリブ海地域と南米大陸の大半は、ブラジルを除いて**スペイン**の植民地下にありました。スペイン本国がフランス軍の占領下に置かれ、海外植民地のスペイン軍のあいだにも動揺が広がるに伴い、まず中米とカリブ海地域で独立運動が活発化します。少し遅れて南米でも同様の動きが起こるのですが、南米諸地域の独立に関して、もっとも偉大な功績を残したのは、現在のベネズエラ出身の**シモン・ボリーバル**でした。

ボリーバルは南米屈指の資産家の長男に生まれ、早くから独立運動に身を投じます。情熱的なまでの理想主義者でありながら、現実を見通す冷徹さも備え、カトリック教会と協調しながら共和政体を目指したところに彼の特徴がありました。

南米の旧スペイン植民地を統一することこそ適《かな》いませんでしたが、ボリーバルは非常に行動的な人でした。ヨーロッパ大陸に渡り、ナポレオンに仕えたこともありますが、現在のコロンビア、ベネズエラ、エクアドルを独立させたうえに、ペルーとボリビアの独立を助けるなど、南米の歴史に不朽の名声を残します。ペルーとブラジルのあいだに位置するボリビアが国名をそう定めたのも、南米の各地にボリーバルの名を冠した地名が数多く現存するのも、ボリーバルの功績を永遠に忘れまいという人びとの思いの表れなのです。

2番目に取り上げるのは、インド独立の父で、「偉大なる魂」を意味するマハートマという尊称を贈られた**ガンディー**です。ガンディーは弁護士として南アフリカに出かけたとき、同胞に対する深刻な差別を目の当たりにして、独立の意志を固めたといわれています。

けれども、イギリスの植民地下にあるインドは現在のインドとパキスタン、バングラデシュをあわせたインド亜大陸であって、インドだけをとっても、内部の多様性はヨーロッパ大陸のそれに匹敵しました。宗教も言語も違う人びとをどうすれば、一つの目標に導くことができるのか。多大な犠牲が避けられない独立戦争にも勝算はなく、どれだけの人がついてきてくれるのかも読めませんでした。

熟慮に熟慮を重ね、ガンディーが提示した戦術は**非暴力抵抗運動**でした。これならば誰もが参加しやすく、インドの住民がいっせいにイギリス製品の不買とイギリスへの非協力を実施すれば、インド頼みのイギリス経済はたちまち破綻をきたすはず。イギリスには妥協するしか道がないというのがガンディーの読みでした。

ガンディーの読みは、イギリスに関してはおおむねあたっていたのですが、インド亜大陸側に関してはそうもいかず、急進派の暴走やムスリムの独自行動、インドとパキスタンの分離独立を阻むことができず、最後はヒンドゥー教急進派の手で暗殺されてしまいます。非常に残念な最期でした。

3番目に取り上げるのは、ベトナム建国の父**ホー・チミン**です。本名はグェン・アイコック。前半生はフランス、ソ連、中国など海外で過ごすことが多く、中国からベトナムに帰国しようとしたとき、蒋介石の秘密警察に捕まるのですが、そのとき使っていたのがホー・チミンという中国ふうの偽名だったのです。ベトナムを再び中国の保護国にしたかった蒋介石の指示で、ホー・チミンは釈放されますが、これを機に彼はホー・チミンを通称として使い続けたのです。

ベトナム全土がカンボジアおよびラオスとあわせ、フランス領インドシナとして植民地化されたのは1899年のことでした。独立運動は王族の主導で始まり、それが敗れると大地主が前面に立ちます。それもが敗退したのち、前二者以外のすべての階層を取り込んだのが、ホー・チミンも加わるベトナム独立同盟（ベトミン）だったのです。

ホー・チミンは国際共産主義組織コミンテルンの指図を仰ぎながらも、共産主義者であるより前にベトナム独立運動の闘士でした。「独立と自由ほど尊いものはない」というのが彼の信念で、そのためには共産主義を封印することも厭《いと》わず、そのおかげで大きな求心力となりえ、独立運動の指導者として、フランスの撤退後はアメリカとの戦争を戦い抜くこともできたのです。

6 改革を断行した指導者 ～大きな成果をあげた二人の大王

ヨーロッパの歴史はフランス革命とナポレオン戦争を大きな画期としますが、国や地域別にみれば、それ以前に大きな改革の実施されていたところがあります。その中でもっとも大きな成果をあげたのが**ロシア**と**プロイセン**でした。

ロシアの**ピョートル1世**はのちに大帝の尊称を贈られます。ロシアをヨーロッパ辺境の二流国から列強の列に加えるきっかけをつくった人だからです。

ピョートルが改革を断行するにあたっては、少年時代の体験が大きく関係していました。当時は無用な衝突を避けるため、オランダなど西欧から来たプロテスタント商人は隔離された集落で生活をしていたのですが、やんちゃな少年ピョートルは頻繁にそこへ出入りしては、海の向こうの世界へ憧れを募らせていたのです。

親政開始直後、ピョートルは変名を使い、大視察団の一員という非公式なかたちでオランダやイギリスなど、西欧諸国を歴訪します。そこでロシアの遅れを改めて痛感させられたピョートルは、数百人規模のお雇い外国人を伴って帰国しました。このとき多くの貴族が出迎えに列をなしましたが、ピョートルの改革は彼らのヒゲを断ち切ることから始められたといいます。伝統的な貴族の特権を剥奪することなくして、強国への道は開けないという、強い意志の表れでした。

産業の育成と常備軍の設置。一番の急務はこの二つで、ピョートルはその財源として税制改革に着手します。課税対象を世帯から個人に改めることで抜け道を断ち、取りはぐれを極力なくそうとしたのです。

また、工場労働者の絶対的な不足に対しては、逃亡農民の免責という処置で臨みました。税や貢租の負担に耐えかね、一家こぞって故郷を離れ都市部へ逃げ込んだ彼らに対し、納税と貢租の支払いさえすれば強制送還はしないと確約したのです。都市労働者となっていた彼らは農村にいたときより収入が安定し、それくらいの負担なら平気でした。ピョートルは誰にも損にならないかたちで深刻な問題を解決へと導いたのです。

ピョートルの改革は貴族への軍務の義務づけや国家による教会の管理など、実に多方面に及び、多大な成果をあげたのは間違いありませんでした。

プロイセンの**フリードリヒ2世**ものちに大王の尊称を贈られた人物です。先代のフリードリヒ・ヴィルヘルム1世の代に常備軍の兵数が3万8000人から8万1000人へと大幅に増員され、全人口の30分の1を軍人が占めたうえに、国家予算の3分の2が軍事費で占められるという軍事国家に変貌を遂げたプロイセンですが、寒冷な土地柄から、総人口と農業生産の低さが恒常的な悩みとなっていました。

この2大課題を克服すべく、フリードリヒ2世は外国からの移住者を歓迎するとともに、疫病にかかるなどと敬遠されていたジャガイモ栽培の奨励に本腰を入れます。先代も奨励しながら、不調に終わったジャガイモ栽培をどうすれば普及させることができるか。1756年3月24日、フリードリヒ2世はすべての役人に宛てて次のような命令を発します。

「この、地になる植物を栽培することのメリットを民に理解させ、栄養価の高い食物として今春から、植えつけを勧めるように」

「空いた土地があれば、ジャガイモ栽培を奨励せよ。なぜなら、この実は利用価値が高いだけでなく、労に見合うだけの収穫が期待されるからである」

「単に農民たちに栽培方法を指導するにとどまるのではなく、彼らの働きぶりを、竜騎兵やその他の使用人たちに監視させるように」（以上、伊藤章治著『ジャガイモの世界史 歴史を動かした「貧者のパン」』中公新書より）

フリードリヒ2世の強権発動は功を奏し、プロイセンは人口と食糧生産の増加に成功して、軍事力をさらに強化させます。ドイツの中心がオーストリアからプロイセンへと移行したのも彼の断行した改革の賜物でした。

7 近現代中国の指導者 ～いずれ劣らぬ曲者ぞろい

近代以降、中国の指導者となるには武力が欠かせませんでした。有力な軍を有するか、その支持なくしては、政権を握ることも維持するもできなかったのです。

19世紀後半、清朝末期の政局をリードした**李鴻章**《りこうしょう》もそうでした。彼は**太平天国の乱**を鎮圧するため、郷里の安徽省で淮軍《わいぐん》という自衛のための民兵組織を結成。これに洋式訓練と洋式装備を与えて太平天国軍を撃滅しただけではなく、従来の八旗と緑営に代わり、清朝を支える国防軍へと成長させます。それに伴い、李鴻章は国政をも任されるのです。

西洋にならう範囲を最低限に抑えてきた清朝も義和団事件と八ヵ国連合軍の北京進駐を境に態度を改め、あらゆる分野での近代化に取り掛かりますが、軍事においてそれを託されたのは、李鴻章の下で頭角を表した**袁世凱**《えんせいがい》でした。

新建陸軍（新軍）という最精鋭部隊を最初に育て上げた袁世凱はその実績を武器に、**辛**《しん》**亥**《がい》**革命**に際してうまく立ち回ります。宮廷を説得して幼帝溥儀《ふぎ》を退位させるのと引き換えに、革命陣営から新国家の初代元首の座を約束されたのです。かくして中華民国の初代大総統となった袁世凱はしだいに独裁色を強め、革命派との内戦にも勝利すると、みずから帝位に登る意志を鮮明にし、着々と準備を進めます。しかし、帝政復活となれば袁世凱の権力は世襲されるわけで、それは彼を支えてきた股肱《ここう》の将たちの利害に反しました。地方分権派の挙兵に革命派が呼応して反乱の火の手が拡大するなか、股肱の将たちまでもが次々と離反するに及んで袁世凱は即位を断念。絶望に打ちひしがれて憤死しました。

袁世凱を取り上げたならば、**孫文**にも言及しないわけにはいきません。「革命の父」とも呼べる人物ですが、彼が清朝打倒のために頼った武力は会党という伝統的な秘密結社と新軍でした。中華民国の成立後は、西南諸軍閥と離合集散を繰り返しますが、反復常なき軍閥はあてにできず、コミンテルンから誘いのあったのを機に、初めて自前の軍づくりに着手します。コミンテルンの全面援助のもとで軍官学校をつくり、校長には蒋介石、政治教育の責任者には共産党の**周恩来**を据《す》えました。

蒋介石は孫文の遺産を引き継いだわけですが、李鴻章から蒋介石までには共通点が二つあります。それは裕福な家庭の出身であることと、強権政治を是としていたところです。李鴻章・孫文・蒋介石の3者についていえば、中国では直接民主主義は時期尚早で、準備が整うまでは賢者による独裁政治もやむなしという点で見解が一致していたのです。

こうした体質は儒教教育を受けた彼らに留まらず、中国共産党の幹部にも受け継がれ、一党独裁を肯定する下地ともなりました。

中国共産党の指導者といえば、**毛沢東**と**鄧小平**が双璧でしょう。「銃口から政権が生まれる」と口にした毛沢東は、それを裏づけるかのように、武力で蒋介石を破りました。正確を期するなら、国民党側の軍を次々と寝返らせることに成功したのですが。

鄧小平が**文化大革命**で失脚中に殺されもせずリンチも受けずにいられたのは、葉剣英《ようけんえい》をはじめ、軍長老たちの支持と庇護があったからでした。

また、鄧小平は他の要職は手放しても、国家中央軍事委員会主席という軍トップの座には長らく居続けました。軍を掌握し続けないことには、いつ誰が何を起こすか不安でならなかったからです。

8 アメリカの指導者～外交政策を転換させた大統領

ヨーロッパ全土がナポレオン戦争の只中にあるとき、アメリカは中立を掲げていましたが、英仏両国と貿易を続けていたことから、新たに生まれた近代ナショナリズムの思想はアメリカにももたらされました。その結果、自分のルーツをイギリスに求めず、根っからのアメリカ人とする考え方が白人社会に広く蔓延します。

このような機運を背景に第5代大統領の**モンロー**は1823年12月2日、連邦議会に宛てた第七次年次教書の中で、合衆国はヨーロッパの問題に干渉することはしないから、ヨーロッパも西半球の問題に干渉するべきではないという主張を展開します。

これこそいわゆる「**モンロー主義**」でした。以来、モンロー主義はアメリカ外交の基本原則となるのですが、**奴隷解放で知られるリンカーン**をはじめ、モンロー以下の政府首脳にしてみれば、右の宣言は当座のしのぎにすぎませんでした。実力が備われば、自分たちのほうからヨーロッパ市場に打って出るつもりでいたのです。

国土が太平洋岸にまで達し、ハワイやフィリピンを領有するに及んで、アメリカの外交政策は少しずつ変わっていきます。イギリスをはじめ、ヨーロッパに対する投資も増え続け、長らく維持していた保護貿易主義はすっかり影を潜《ひそ》めます。

そんなアメリカの外交政策をはっきりと転換させたのは第28代大統領の**ウィルソン**でした。ときにヨーロッパは第一次世界大戦の主戦場と化し、英仏露とドイツ・オーストリア＝ハンガリー・オスマンの両陣営のうち、どちらが勝利するか予断を許さない状況でした。とうに債務国から債権国へと生まれ変わり、イギリスに多大な投資をしていた関係上、債権者であるウォール街の人びとはウィルソンにしきりに参戦を促します。イギリスが負ければ取り立てが不可能になり、大損をしてしまうからです。

結局、ウィルソンはアメリカ金融の中心であるウォール街の圧力に抗しきれず、英仏陣営側に立っての参戦に踏み切ります。しかし、アメリカ全体としては外の世界への関心が低く、大戦終結後、アメリカの外交政策は再び孤立政策へと逆戻りします。

とはいえ、アメリカがイギリスを追い越し、世界一の経済大国になっていたのは周知の事実でした。その地位を維持するには世界経済と国際秩序の安定に積極的に参画しなければならないということは、高学歴者のあいだでは当然視されていましたが、アメリカ社会全体としては、いまだモンロー主義に固執する空気が強く、国民の望むところは世論調査の結果にも如実に表われていました。

カイロ会談での（左から）蒋介石、ローズベルト、チャーチル

それにも関わらず、第32代大統領の**フランクリン・ローズベルト**は第二次世界大戦が勃発すると、大局的見地から、策を弄してアメリカを参戦へと導きます。

ローズベルトはイギリスの首相**チャーチル**と会談して、敗戦国に賠償金を課すことをやめるなど、戦後の国際秩序に積極参加する姿勢をも見せていました。ソ連という社会主義国家の成立と強大化を目にしては、自分たちが陣頭指揮をしなければ勝てないという危機感もあり、外交政策の一大転換がなされたのです。

なお、1943年11月に開かれたカイロ会議には蒋介石も同席しますが、スターリンほどには重んじられず、員数合わせの感が否めませんでした。

9 20世紀の独裁者 ～歴史に悪名を残す主役たち

中国の新王朝創立者や絶対主義全盛期の西欧であれば、皇帝・国王が独裁権力をふるうことは珍しくありませんでした。しかし、20世紀に登場した独裁者は前近代のそれとは大きく異なります。彼らに共通するのは一時的とはいえ大衆を熱狂させたこと。イデオロギーでいえば、ナショナリズムか共産主義のどちらかですが、全体主義であることに変わりありません。また、後者についていえば、共産主義が支持されたというより、救国の英雄が共産主義者だったという偶然に助けられた面が強くあります。

先述したように、近代ナショナリズムはナポレオンによってヨーロッパ中に拡散され、19世紀末には当然の理論と化していました。長らく統一とは縁遠かったドイツとイタリアでは国家や国民という概念の定着を急ぐあまり、滑稽とさえ思える歴史観や自己認識の普及さえ奨励されました。これに近代科学で生まれた語族・人種・民族などの概念があわさって、極右思想やファシズムが生まれる土壌がつくられていったのです。独裁者という存在は現代特有で、ナショナリズムに不可避の宿病といえるかもしれません。

ムッソリーニは大衆を扇動しての圧力で政権を握りましたが、それを正当化するために教皇を利用しました。イタリア統一をあくまで受け入れず、陸の孤島と化していたわずかな教皇領をバチカン市国という独立国家として認める。その交換条件として、ムッソリーニは教皇から正当な政権としてのお墨つきを得る。この取引がなったことで、ムッソリーニの独裁政権を否定する内外の声は一時下火となったのです。

これに対して、ドイツの**ヒトラー**は合法性に疑問符のつく選挙を通じて政権を握りました。政権を握ったヒトラーは公約通り、失業率を激減させ、限りなくゼロに近づけます。ただし、そこにはからくりがありました。ユダヤ人と女性を職場から排除し、彼ら彼女らを統計に入れなかったのです。また、8時間労働を4時間労働にすることで雇用人数を2倍にするなど、現在でいうワークシェアリングの先駆的なことを実施したかと思えば、自動車工場で労働者たちをただ働きさせることで生産コストを抑え、廉価な自動車を普及させるという荒業もやってのけていました。数字合わせもいいところです。

ヒトラーと同時代の独裁者にはソ連の**スターリン**、中国の**毛沢東**、北朝鮮の**金日成**《キムイルソン》などもいます。共産主義国家はどこも一党独裁を合法化したことから、狭い範囲での権力争いも激しかったのです。それに勝ち残った者は敗者を寛大に扱うことなく、冷徹な独裁者と化していったのです。

スターリンの場合、最大のライバルは理論家のトロツキーでしたが、トロツキーには党員歴の浅さというマイナス要素があり、それが最後まで尾を引く結果となりました。逆にスターリンは絶望的かと思われた状況からドイツ軍を打ち破り、祖国防衛の立役者として持ち上げられ、独裁色をいっそう色濃くしたのです。

毛沢東の場合、大量の餓死者を出した大躍進という政治運動をはじめ、あまりにも現実を無視した政治ゆえに一度は政権の座から下りざるをえなくなりますが、大衆扇動という手段で返り咲いてからは、古参党員であろうが構うことなく、自分の路線に異を唱えた者はことごとく粛清していきました。国家主席の劉少奇や国防省の彭徳懐でさえ難を免れなかったのですから、まったく狂気の沙汰です。

北朝鮮の金日成はソ連領内に根拠地を構え、ゲリラ的な抵抗運動を続けた人ですが、朝鮮労働党中央委員会総書記というトップの座を世襲にした点が、他の共産主義国家とは決定的に異なる点でした。共産主義政策をとる王国と呼んでもいいでしょう。

第2章

「経済」を押さえれば世界史がわかる

1 専売制 ～中国・前漢で塩と鉄を対象にしたのが始まり
2 朝貢貿易 ～利益度外視で実施する
3 紙幣の誕生 ～定着に長い時間がかかる
4 利子の合法化 ～カトリックでは大きく遅れをとる
5 インド洋交易 ～イスラーム商人のあと、西欧列強が相次いで参入
6 オランダの盛衰 ～スペインとの独立戦争からアジア貿易に進出
7 ヨーロッパ諸国の奴隷貿易 ～アフリカを交えた三角貿易の選択
8 世界恐慌 ～市場の暴落が世界を危機に陥れる
9 所得の再分配 ～格差社会の先には未来はない

1 専売制 ～中国・前漢で塩と鉄を対象にしたのが始まり

国家財政の柱といえば、古くは多くの場合、農民から徴収した田畑の収穫物に頼っていました。しかし、それでは足りなくなれば、**税**に財源を求めなければならず、中国の場合、しばしば専売制が実施されました。

専売制を最初に採用したのは漢の**武帝**です。ときに匈奴との戦いが熾烈を極めており、補給や援軍の派遣、将兵への給与支払いなどを滞《とどこお》らせるわけにはいかなかったからです。このとき武帝が選んだ対象は**塩**と**鉄**でした。

戦国時代から漢代にいたるまでの中国では、民間の大富豪といえば、塩か鉄の生産業者もしくはその販売業者に限られました。鉄製農具の利便性は石製・木製農具の比ではなく、鉄製農具なくして農業は成り立たなくなっていたのです。

一方の塩は人間が生きていくのに不可欠の食品ですが、生産地は海岸地帯か広大な塩水湖を擁する山西省南西部、塩分の濃い地下水を擁する四川省東部などに限られていました。

税制に明るい高官がいなかったのか、漢代初期までの政府は鉄と塩がもたらす富を軽んじ、生産業者と販売業者に課税するのみで、塩税にいたっては国家財政ではなく帝室財政に組み込んでいました。財源の柱になりうるなど毛頭考えもしなかったのです。

けれども、武帝の下には張湯という切れ者がいて、武帝は彼の進言に従い、大製塩業者の東郭咸陽《とうかくかんよう》と大冶金《やきん》業者の孔僅《こうきん》を抜擢して副官としたうえで、塩と鉄の専売を決定します。鉄に関していえば、鉄鉱石の産地50ヵ所に鉄官という官署を設け、そこに官営の冶金・鋳造の作業場を付属させて、製鉄農具の販売までを完全に国家の直営にしたのです。

一方の塩に関しては、製塩が営まれていた全国36ヵ所に塩官という官署を設け、募集に応じた民間製塩業者に煮塩に必要な器具を与える。そして生産品はすべて塩官が買い上げ、販売は国家の一手に委ねられるようにしたのです。

漢の武帝は当初の目的を達成させますが、この成功を見て、その後の王朝でも財政危機を乗り切る手段として専売制が採用されることになります。唐代には安史の乱の最中に採用が決定されました。

しかし、国家による独占には弊害もありました。すべての官吏が職務に忠実とは限らず、混ぜ物によるかさ増しや粗悪な塩をべらぼうな高値で売るような行為が全国各地で一般化したのです。

そうなると消費者のほうでは生活防衛のため、違法とは知りつつ、密売業者の闇塩に走るほかなく、こうした塩の密売業者は国家から**塩梟**《えんきょう》と呼ばれました。

塩梟には人望の篤い任侠肌の者が多く、役人と事を構えることを厭いませんでした。取り締まりが厳しくなると武力抵抗を示すなど、密売組織の武装化も進捗させます。

こうなると、国家の圧政に耐え切れなくなった民衆が武装蜂起し、塩梟がその指導者として擁立されるのは自然な流れでした。875年に起きた大反乱の指導者、**王仙芝**《おうせんし》と**黄巣**《こうそう》もまさしく塩梟の出身でした。

塩梟が反乱軍の頭目に担《かつ》がれるケースはこれに限らず、元朝末期の動乱で、江南を舞台に朱元璋《しゅげんしょう》と10年もの長きにわたり攻防を展開した**張士誠**もその一人でした。時代は下って辛亥革命の直後、江蘇省の揚州に割拠した徐宝山という軍閥も塩梟にして痩西湖《そうせい》を縄張りとする湖賊の出身でした。

塩の専売が莫大な利益を生み出すためには、統一国家の存在が不可欠で、そのせいかヨーロッパにはフランスの「ガベル」を除いては類例が見当たりません。

元来、ガベルは消費税一般を指す言葉でしたが、15世紀以降はもっぱら塩税を指すようになります。塩に対する消費税であると同時に、塩の生産や流通、消費までもが国家の統制下に置かれ、税率は地域により異なりました。庶民からは悪税の象徴とみなされ、しばしば暴動の原因ともなりますが、フランス革命さなかの1790年3月に廃止されました。

2 朝貢貿易 ～利益度外視で実施する

古代ギリシア人は、オリュンポス12神の血を引く自分たちを至高の存在とし、それ以外の民を「意味不明の言語を話す人びと」を意味するバルバロイと呼んで蔑視してきました。ペルシア人はもちろん、マケドニアの台頭著しい時期になっても、これをバルバロイと見る者が少なくなかったのです。

同じことは中国でも見られ、古代の中国では自分たちの生活圏を夏、華夏、中華などと呼び、世界の中心と位置づけていました。自分たちと対等な国や民など存在せず、敵国でなければ属国のほかありえないと認識していたのです。

中国の皇帝が外国の君主に王などの爵号を授与することで君臣関係を結ぶ。このようにして生まれた秩序を「冊封《さくほう》体制」と呼びます。

中国側からすれば、中国皇帝の徳を慕い、献上品を携えてやってきた異国の君主ないしはその使者に恩恵として回賜《かいし》を与え、あわせて何らかの爵号を授与するという構図になります。回賜というのは、献上品に対する見返りの品を意味します。

中国を中心とした冊封体制が世界史上で特異なのは、徳が鍵となるため、属国よりも宗主国のほうの負担が重くなるという現実です。

君臣関係を結んだ諸国には朝貢が義務づけられますが、有徳の士が恩恵を示すのであれば、献上品の返礼として等価交換など、ありえず、最低でも倍返しが原則でした。相手との力関係や遠近によっては、四倍にも八倍にもなったのです。国防上、民間人の出入国が禁止されていた時代には、対外貿易はこの朝貢形式によるものしか許されませんでした。

つまり、**中華思想は経済的な採算を度外視したうえに成り立っていた**のです。とはいえ、財政逼迫の状況ではなりふりを構ってはいられず、明朝時代、北方のモンゴルから、両国国境に馬市という常設の市場設置を求められたとき、明の側は要求を突っぱねます。すでに馬の数が十分ある以上、改めてモンゴルから手に入れなければならないものはなく、貿易をすればするだけ経済的損失が高まると考えられたからです。

けれども、モンゴルの側では織物や麦、茶葉など、ほしい物がたくさんあるので、何度断られようと、しつこく要求を重ねます。そして、交渉の余地がないと見るや、実力行使に出ました。明の領内に侵攻し、略奪を繰り返すようになったのです。

明の側での迎撃に力を入れますが、1449年には皇帝が捕虜になるほどの大敗北を喫し、1550年には北京城が数日にわたって包囲されるという屈辱を味わいます。結局、明の側が折れるしかなく、モンゴルの君主に王の爵号を与えるとともに、馬市の設置を認めることで和平がなるのですが、このときのモンゴルに限らず、北方民族が中国に侵攻する理由はだいたい同じようなものでした。遊牧生活だけでは足りない物品は貿易か略奪で手に入れるしかなかったからです。

伝統的な冊封体制は満州族による征服王朝の清でも変わりなく、貿易の拡大を求めにやってきたイギリスの使節に対し、乾隆帝は冷たく言い放ちます。中国は土地が広大な上に足りない品物の存在しない「地大物博《じだいぶつはく》」の地である。恩恵として下賜する品物をありがたく受け取り、即刻帰れと。

しかし、後から顧みれば、乾隆帝のこのときの態度はあまりに尊大でした。当時の中国のGTP（国内総生産）は世界全体の4分の1を占めたと推測されていますが、中国からの茶葉と茶器の輸入を増やしたいイギリスが黙って引き下がるはずはなく、インドとの三角貿易で、中国へのアヘンの密輸が急増するのは右の謁見の直後からでした。

3 紙幣の誕生 ～定着に長い時間がかかる

マルコ・ポーロの『**東方見聞録**』には、「大カーンがどのようにして証書のような木の樹皮を通貨とし、それを全領土に通用させているかについて」という項目があります。初めて目にした紙幣と、それが通貨として流通している現実に驚きを禁じえなかったのです。なぜ金属でない、ただの樹皮でつくられた薄っぺらなものにそんな価値があるのかと。

紙幣の誕生はこれより少し前にさかのぼり、**世界最古の紙幣は中国で生まれました**。1023年、四川《しせん》地方で流通していた民営の**交子**《こうし》という手形を官営に移行させたことがその始まりとされています。黄河中流域の開封に都を置いた北宋の時代でした。

なぜ、紙幣は四川という内陸部で生まれたのか。それには四川が茶の一大産地であったことと、銅銭ではなく鉄銭行使地域であったことが関係します。

実のところ、四川では唐代末に寄附鋪と呼ばれる金融業者が現われ、銭や金銀・布絹を預かって交子という預かり手形を発行し、その手形が通貨の代わりとして市場でも流通していたのです。

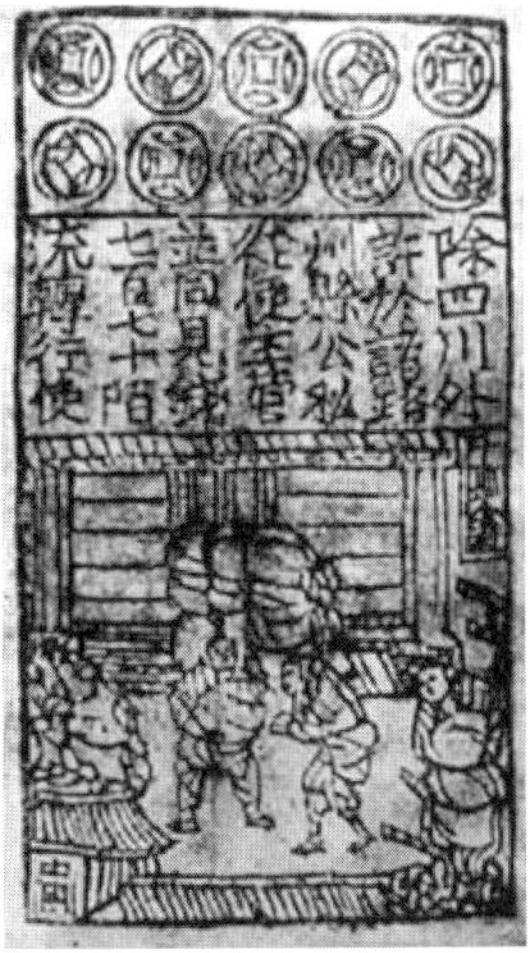
世界最古の紙幣とされる交子

北宋の時代に入ると、その金融業者は交子鋪または交子戸と称し、成都府では富戸《ふこ》十六戸《じゅうろっこ》（大富豪16家）が役人から独占権を獲得。組合をつくって信用度を高めるなどして、四川の他の州県のそれを圧倒するようになります。けれども、ローカルな組合では信用度にも限りがあり、1023年、それに乗じた北宋政府によって、交子は官営の紙幣へと生まれ変わったのです。

需要のないところに供給が生まれるはずもなく、四川で紙幣が誕生した背景には、茶や塩の生産および取引が多く、通貨の需要が多かったにも関わらず、重くて持ち運ぶにも不便な鉄銭しかなかったという事情がありました。盆地よりも山岳地帯のほうが多い四川では**より軽くかつ持ち運びのしやすい通貨かそれに代わるものが求められていた**のです。

四川で生まれた紙幣が全国展開をした背景には、華北における商業都市の誕生と商業全体の振興がありました。それまでの都市が政治都市か軍事都市であったのに対し、北宋時代にはそれらが商業都市へと変貌を遂げ、農村部でも定期的なまたは常設の市が設けられるようになったのです。

これら一連の変化の源は辺境の防衛にありました。北方で契丹、西北方で西夏と境を接し、どちらの戦線でも劣勢な北宋は補給を絶やすわけにはいかず、それが物流全体の活性化につながったのです。軍事的には劣勢な北宋で世界最古の紙幣が生まれるとは、歴史というものは何とも面白いものです。

紙幣の利便性は北宋を滅ぼした金、南宋を滅ぼした元にも理解されましたが、官営の通貨ゆえの弱点もあり、群雄割拠の時代には紙屑同然になるなど、貨幣の主役になるまでには長い歳月を必要としました。

長い歳月といえば、西洋への伝播にも同じことがいえます。紙幣が流通する大前提として紙がないことには話になりません。実用に耐えうる紙は後漢時代の中国で発明され、751年のタラス河畔の戦いにおける捕虜によってアラブ世界に製紙法が伝えられます。それから北アフリカを経由し、シチリア島からイタリア半島へ、モロッコからイベリア半島へという二つの経路でヨーロッパ大陸に伝えられたのが12世紀中ごろのこと。それから紙幣が誕生するまでにまた長い歳月がかかり、ヨーロッパ最古の紙幣は18世紀初頭、スコットランド出身の財政家ジョン・ローがフランスで財務総監の職にあったときに発行した銀行券にあるとも、1661年にストックホルムで発行された金銀の預かり証にあるともいわれています。どちらにせよ、遠くて長い道のりでした。

4 利子の合法化 ～カトリックでは大きく遅れをとる

イスラーム世界の銀行は、無利子銀行とも呼ばれています。「**利子**」または「利子の徴収」を意味するリバーの禁止が聖典の中に明記されているからですが、損をすることもある配当はその限りではありません。**危険を背負うことなく、利益を得る姿勢そのものが非難の対象となっているのです**。

利子の禁止はイスラームの独創ではなく、ユダヤ教とキリスト教という一神教の先輩格でも教義に取り込まれていました。その根拠はキリスト教でいう『**旧約聖書**』の「申命《しんめい》記《き》」中にある次の一節に求められます。

「金銭の利息であれ、食物の利息であれ、すべて利息をつけて貸すことのできる利息を、あなたの同胞から取ってはならない。外国人から利息を取ってもよいが、あなたの同胞からは利息を取ってはならない」

これにのっとり、1179年の教会法では、利子をとることは聖書が禁じており、キリスト教徒の高利貸は破門に処すと定められます。このため高利貸業界はユダヤ人の独壇場と化すのですが、同じ聖典の同じ一節を根拠にしながら対応が分かれたのは、ユダヤ人がキリスト教徒を同胞とは認めなかったことに拠っています。

13世紀のイタリアが生んだ大神学者の**トマス・アクィナス**も、利子を「時間を横領しての不正な売買とみなす」など、西欧カトリック世界では利子の否定が経済発展の大きな妨げともなっていました。商業立国のベネツィアやジェノヴァでは利子の禁止を空文化させようとの試みもなされますが、教皇のお膝元に近いだけにあまり露骨な行為は憚《はばから》れました。

利子に限らず、初期キリスト教では富そのものが目の敵《かたき》にされました。福音書の中にも、信仰に与える富の危険性が繰り返し説かれ、「マルコによる福音書」には天国行きを希望する資産家の息子の話が出てきます。

その青年は、「殺してはならない、姦淫してはならない、盗んではならない、偽証してはならない、欺き取ってはならない、父母を敬え」という教えを幼い頃から忠実に守ってきたのですが、まだ欠けているものがあるのではと不安になり、イエスに問いかけたのでした。

イエスの答えは、「あなたには欠けたことが一つあります。帰って、あなたの持ち物をみな売り払い、貧しい人たちに与えなさい。そうすれば、あなたは天に宝を積むことになります。そのうえで、わたしについて来なさい」

すると、その青年は顔を曇らせ、悲しみながら立ち去ったというお話なのですが、ここには現世における富の蓄積に意味はなく、富は来世への投資に使うべきとの教えが如実に表されています。

利子をめぐる問題に大きな突破口を開いたのは16世紀に始まる宗教改革でした。利子の禁止に影響を与えたのはドイツのマルティン・ルターではなく、フランス出身の**ジャン・カルヴァン**のほうです。

カルヴァンの主義主張はカルヴィニズムと総称されますが、その中で彼は「神の栄光を現すためならば」として、富の蓄積や利子の付加および徴収を容認しました。富はそれ自体を増大させるためではなく、貧しい人の扶助のためにある。富む者は神から委託された富を他者のために用いることによって、また貧しい者は富む者を財産と貨幣の奴隷になることから解放し、他者のために働く機会を与えることによって、ともに神の栄光を現すのだと理由づけたのです。

教えのうえでお墨つきを得たことにより、これ以降、改革派を奉じる国だけでなく、ルター派を奉じる国でも商業や金融業が大いに栄え、ヨーロッパ内の勢力地図を大きく塗り替えていくのでした。

一方のカトリック世界の対応は鈍く、1745年の教皇ベネディクト4世の回勅によって、公共善に反しない限り、利子は正当なものとされましたが、**プロテスタント諸国に遅れること200年。この歳月につけられた差はあまりに大きく、EU(ヨーロッパ共同体)成立後も尾を引いています。**

5 インド洋交易 ~イスラーム商人のあと、西欧列強が相次いで参入

インド洋はアジアとアフリカ、オセアニアの三大陸に囲まれた大海で、東西交易の主要ルートでもありました。陸路より海路のほうが断然多くの品物を運べたからです。

考古学上の調査では、メソポタミア文明とインダス文明の地域間で交易の行なわれていたことがわかっています。文献史料で確認できる範囲では紀元1世紀後半、エジプト在住のギリシア人が著わした『エリュトラー海案内記』がインド洋交易に関して詳しく伝える最古の記録で、同書からはギリシア人海商がインド亜大陸南東岸やスリランカにまで進出

していたことがうかがえます。

中国の後漢王朝は現在のベトナムを南海諸国との外交の窓口とし、陸路が遮断された159年と161年にはインドからの使節もそこから入り、166年には大秦国安敦《あんとん》の使節もそこを訪れていますが、大秦国とはローマ帝国、安敦は五賢帝の最後を飾ったマルクス・アウレリウス・アントニウスを指すものと考えられています。

ギリシア・ローマ商人の活動が鈍《にぶ》り始めると、インド洋交易の主役はインド商人とイラン商人の手に移り、前者は文化大使の役割も担いました。東南アジア全域で上座部仏教が広く信仰されながら、インドネシアのバリ島やカンボジアのアンコールワットにヒンドゥー教寺院跡が残るのもそのためです。

イスラーム勢力がアラビア半島から西アジアを制圧してからは、アラブ商人もがインド洋交易に参入し、9世紀には広東に大規模なコミュニティーを形成するまでになります。それより規模は劣りながら福建省の泉州や浙江省の杭州にもそれなりのコミュニティーがあり、彼らのための清真寺（モスク）も建築されました。

ムスリム商人がアフリカ大陸東海岸にも販路を広げたことから、インド洋が「イスラームの海」である時期が長く続きました。それに待ったのをかけたのが15世紀末、アフリカ

インド洋におけるポルトガルの貿易拠点

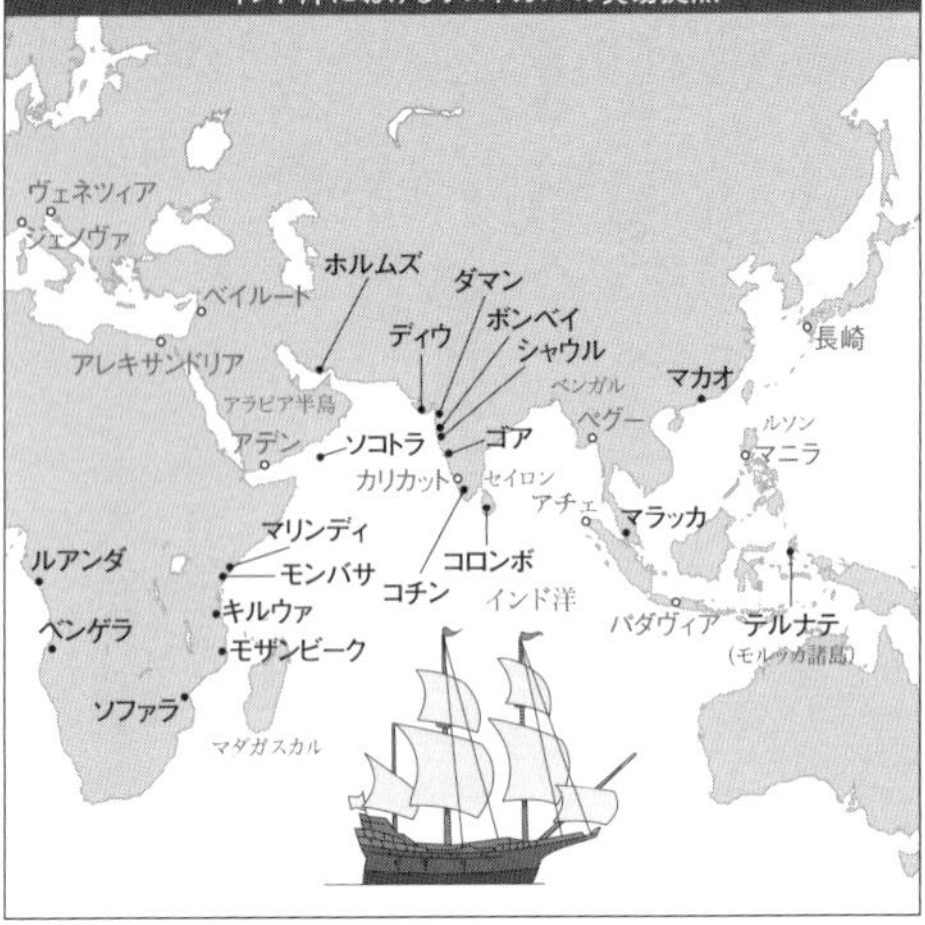

大陸南端の喜望峰を巡ってのインド航路を開拓した**ポルトガル**でした。

　ポルトガルは胡椒生産の中心地であるインド西岸のゴア、東南アジア最大の交易拠点であるマレー半島南西部のムラカ（マラッカ）、もっとも高価な香辛料クローブの産地であるモルッカ諸島のテルナテ島、シナモンの産地であるセイロン島のコロンボなどに加え、ペルシア湾（アラビア湾）の出入り口に位置するホルムズの実権をも握り、インド洋の新たな覇者となったのです。

　しかし、ポルトガルは大きな弱点を抱《かか》えていました。広い範囲に散らばる交易拠点を確保し続けるには総人口が少なすぎました。16世紀初頭のポルトガルの総人口は多く見積もっても150万人。5人に1人が海外に出たとしても、すべての交易拠点を維持するのは不可能な話で、新興勢力として**オランダ**が台頭すると、ポルトガルはインド洋交易から締め出され、南シナ海で確保するのもマカオと東ティモールのみ。これより南米のブラジル経営に専念することになりました。

オランダの海外進出は**スペイン**とポルトガルの後追いというかたちになりましたが、それは結果論であって、インド洋交易への参入は必要に迫られての行為でした。

15世紀末以来、オランダはハプスブルク家の所領となり、1555年にはスペイン・ハプスブルク家の版図に組み込まれます。1568年から八十年戦争という事実上の独立戦争に突入すると、スペインとの交易が途絶したうえに、スペイン領の港湾すべての使用ができなくなりました。オランダはポルトガルを代替者としますが、1580年にスペインとポルトガルが同君連合になると、ポルトガル経由の輸入も途絶します。

交易の道を閉ざされたことでもっとも悩ましい問題は香辛料の不足でした。肉の保存に不可欠な香辛料が底をつけば食糧難に見舞われるのは必定。オランダに残された選択肢は大航海時代開始以前の販路すなわちオスマン帝国とイタリアのジェノヴァを経由したものを相手の言い値で購入するか、独自の交易ルートを開拓するかのどちらかでした。

その結果、海上活動に自信のあったオランダは後者を選び、ポルトガルの築いた拠点を次々に占拠するかたちで、インド洋交易それ自体をも牛耳《ぎゅうじ》ることになったのです。

6 オランダの盛衰 ～スペインとの独立戦争からアジア貿易に進出

15世紀という時代はヨーロッパ史の大きな転換点でした。経済の中心が紀元前以来の地中海岸から北海・バルト海沿岸へと移行したのです。その最大の原因は地中海沿岸での木材の枯渇にありました。船舶を造るのに不可欠な森林資源が消滅してしまったのです。伐採はすれども植林をする習慣が根づかなかったことが致命傷でした。

それに対して、北海からバルト海の沿岸ではまだまだ森林資源が豊富。いくらでも船舶を造ることができたので、それまでベネツィアやジェノヴァなどのイタリア諸都市が独占していた地中海交易からして、オランダや北欧の船舶で行なわれるようになったのです。

ところで、オランダの正式名称はネーデルラントで、これは「低地諸州」を意味する言葉です。北部から中部にはプロテスタント、南部にはカトリックが多かったのですが、スペインが寛容な宗教政策を改め、プロテスタントへの締めつけを強化すると、のちにベルギーとして独立する南部地方からプロテスタントの住民が大挙して北部地方に逃れました。その大半は裕福な商人や金融業者、手工業者などからなり、ここに**ヨーロッパ内交易で培**

われた高度の航海技術と資本とが結びつき、オランダが経済大国として飛躍する土台が築かれたのです。オランダには15世紀末、スペインから大量のユダヤ人難民を受け入れた過去もあり、漁夫の利で成長した面のあったことは否めませんでした。

研究者の中には、オランダを世界で最初の**ヘゲモニー国家**と位置づける人もいます。辞書で「ヘゲモニー」を調べると、平凡社の『世界大百科事典』には「覇者としての権力」、岩波書店の『広辞苑』には「(主に政治運動について) 主導権。指導権」とあります。つまり、植民地として併合するのではなく、物流システムを完全に掌握することによって、労も費用もできるだけ抑えたうえで、多くの国や地域を意のままに操ることのできる国家がヘゲモニー国家というわけです。

しかし、オランダがポルトガルの後を追ったように、やがてオランダの後を追って、強力なライバルとなる国々が現われます。陸続きで近いフランスと、八十年戦争の最中は何かと支援してくれたイギリスがそれらです。

完全独立達成後のオランダとイギリスの関係は大揺れの連続でした。両国君主が婚姻関係で結ばれていたことから、ピューリタン革命に始まるイギリスの国内事情の変化に伴い、英蘭関係は戦争と友好の両極端を繰り返すこととなったたからです。

このような状況下、フランスでルイ14世という野心に満ちた国王が即位します。ルイ14世は自然国境説を唱えたことでも有名ですが、北方に関しては、先代の王のもとで事実上の宰相を務めたリシュリューによりライン川自然国境説が唱えられ、隙あらば侵攻する準備が整えられていました。

そのときはルイ14世親政下の1667年5月に訪れます。スペイン領フランドルに侵攻したフランス軍は瞬《また》く間にそこを制圧し、オランダと直接境を接するようになります。

オランダはフランスと同盟条約を結びますが、その内容には大きな問題がありました。オランダの主張する「自由航行、自由貿易」の原則は認められながら、オランダの主要輸出品である各種毛織物製品に対して禁止的高関税がかけられたのです。

脅威を感じたオランダはイギリス、スウェーデンと三角同盟を結ぶことで窮地を逃れようとしますが、ときのイギリス国王が共和政という名のクロムウェル独裁下にフランスで亡命生活を送り、ルイ14世と昵懇《じっこん》の間柄となったチャールズ2世であったことが災いします。対仏包囲網をつくるつもりが、逆に英仏による対オランダ軍事同盟の結成を誘ってしまったのです。

フランス軍が陸路攻め寄せるなか、海上ではイギリス海軍が睨《にら》みを利《き》かす。**英仏海峡の**

通行と両国港湾の使用ができなくなった関係から、貿易活動は麻痺状態に陥り、オランダ経済は深刻な打撃を被ります。これこそオランダがヘゲモニー国家の位置から転落する瞬間でもありました。

7 ヨーロッパ諸国の奴隷貿易 ～アフリカを交えた三角貿易の選択

貿易不均衡が国家間の関係悪化につながるのは今も昔も変わりません。イギリスの場合、輸入したい商品はたくさんあるのに、輸出可能な商品がない。その焦りが**産業革命**の大きな引き金となったのですが、機械により大量生産された品物に相手国が興味を示さなければ問題の解決にはなりません。そこでイギリスが思いついたのが、**もう一つ他の地域を交えた三角貿易**でした。

イギリス本土と西アフリカの黒人王国とカリブ海の植民地。大西洋を中心としたこの三角貿易で要となったのは黒人奴隷でした。

西アフリカの黒人王国で仕入れた黒人奴隷をカリブ海地域のプランテーション業者に売り、カリブ海地域で仕入れた砂糖、タバコ、綿花などをイギリス本土に持ち帰る。イギリス本土で製造した鉄砲、ガラス玉、綿織物などを西アフリカの黒人王国で売りさばくというのが一連の流れで、イングランド北西部のリバプール港を出港してから一巡するまでの期間はだいたい2ヵ月でした。

こうした奴隷交易はアフリカに多くの貿易拠点を持つポルトガルのほうが盛んで、アフリカにこれといった拠点を持たないスペインやオランダのために、純粋な商売として奴隷貿易を行なうこともありました。現在のカリブ海地域に黒人人口が多いのはそのためで、ハイチのようにスペイン人のもたらしたさまざまな病原菌で先住民が死滅した島では独立後、完全なる黒人国家が誕生することにもなったのです。

西アフリカから南北アメリカ大陸とカリブ海地域に売られた黒人奴隷の総数は1000万人を下りませんでした。拉致誘拐された人数とプランテーション業者に売り渡された人数のあいだには大きな開きがあり、3分の1減から半減というのが当たり前でした。その原因は「中間航路」と呼ばれた大西洋上の船内での劣悪な環境と、未知なる土地における上陸後の適応能力の有無にあったのですが、鎖につながれたまま数十日もすし詰め状態に置かれては、健康を害さないほうが不思議なくらいです。人数が半減しても十分に儲かる。奴隷貿易はそれくらいおいしい商売だったのでしょう。

三角貿易は大西洋に限らず、南シナ海やインド洋でも見られましたが、もっとも有名なのはイギリスによるものです。

18世紀のイギリスでは喫茶の習慣が一般庶民にまで広がり、茶葉と茶器の安定供給が急務となりましたが、困ったことに、イギリスには中国人がほしがるような輸出品がありません。そのため、代価を銀で支払っていたのですが、遅かれ早かれ尽きるのは目に見えていました。銀に代わるものがないかと考えたとき、イギリス人の脳裏に浮かんだのがインド産のアヘンでした。かくして、**インド産のアヘンを中国へ、中国の茶葉と茶器をイギリス本土へ、イギリス製の綿織物をインドへという三角貿易の仕組みが築かれた**のです。

それが長期化すると、中国ではアヘンの吸飲者が激増して、茶葉と茶器だけでは追いつかず、銀での支払いを余儀なくされます。銀の流入から流出へと転じた

清朝がイギリスの犠牲となったアヘン戦争

のです。

銀の流出とアヘン中毒者の増加に頭を悩ませた清朝政府はアヘン貿易の取り締まり強化に乗り出しますが、それが１８４０年の**アヘン戦争**につながりました。

これに勝利したイギリスは、中国との貿易が自由化されればイギリスの綿織物が飛ぶように売れ、アヘン貿易から手を引けると踏んでいたのですが、中国国内の流通事情や気候の違いなどもあって、期待したほどの成果が表れませんでした。そこで１８５６年に改めて戦争をしかけ、さらなる市場開放と中国人の海外渡航自由化を認めさせたのです。

これにより、中国人労働者の海外への出稼ぎが盛んになるのですが、応募で足りない場合は拉致誘拐が行なわれるなど、やり方は乱暴でした。従事させられる仕事も激しい肉体労働ばかりで、ここから中国人労働者を指すものとして「苦力《クーリー》」という言葉が生まれたのです。その内実は先述した奴隷貿易より多少ましな程度の劣悪なものでした。

8 世界恐慌 ～市場の暴落が世界を危機に陥れる

それは１９２９年10月24日、木曜日のことでした。それまで上がり続けていたニューヨーク株式市場の株価が大暴落したのです。**「暗黒の木曜日」**と呼ばれるこの出来事は悪夢の始まりにすぎず、同年9月には469ドルであった工業株平均が同年11月には221ドル、1932年には58ドルにまで下落します。

株式市場の暴落は製造業にも打撃を与え、さらに1930年の終わりから銀行の倒産が始まり、金融恐慌に発展します。その波がヨーロッパにも波及し、国際的な金融恐慌、いわゆる**世界大恐慌**に発展したことから、ようやく回復軌道に乗ったドイツ経済も破綻を強いられ、国民の不満をうまく吸収したナチ政権の誕生につながったのです。

「暗黒の木曜日」にいたる前のアメリカ、1920年代のアメリカは空前の物質的繁栄を謳歌した時期で、文化的には「ジャズ・エイジ」とか「第二次金ピカ時代」と呼ばれます。黒人音楽を源とするジャズが白人にも受け入れられて大流行し、誰もが消費を楽しんでいたからです。

電灯、個人電話、電気冷蔵庫、水洗トイレ、ラジオが急速に普及するなか、屋外便所はバスルームに、馬車は自動車に変わり、広告宣伝が消費者の購買意欲を煽《あお》り、バブル景気によく似た現象がアメリカ中を覆《おお》っていたのです。株取引に狂奔する人びとも多く、郊外にマイホームを構え、自動車で通勤する。株取引や土地の転売も身近となり、借金をする

銀行の取り付け騒ぎに発展した世界恐慌

ことへの罪悪感やためらいも消え去りました。世界史上でも稀で、**まるで絵に描いたかのような大衆消費社会が訪れた**のです。

その夢も「暗黒の木曜日」の到来とともにあえなく潰《つい》えたわけですが、世界大恐慌とその引き金となった「暗黒の木曜日」はどうして起きたのでしょうか。

この点については、イギリスの経済学者**ジョン・ケインズ**に始まるケインズ経済学が間接的に物語っています。同経済学では、**不況や失業を克服するには政府の積極介入が不可欠であり、自由放任は不可**との考えが示されているのです。

ケインズ経済学の主張を一つの国家ではなく、国際社会という枠組みで捉えるなら、17世紀にはオランダ、18世紀から19世紀にはイギリスがヘゲモニー国家（65ページ参照）となり、世界経済をうまく調整していました。イギリスは19世紀中頃に「世界の工場」から「世界の銀行家」へと変貌しますが、ヘゲモニー国家としての役割を果たしていました。

そのイギリスも19世紀末には息絶え絶えの状態で、激しい消耗戦となった第一次世界大戦で引導を渡されます。イギリスのヘゲモニーの及ぶ範囲は著しく減少したのです。

経済力でいえば、アメリカが新たなヘゲモニー国家となるべきでしたが、アメリカ世論の大半はそんな自覚を抱いてはおらず、モンロー主義に固執していました。ヨーロッパを旧世界とみなし、そこがどうなろうと構わないという姿勢でいたのです。

二つの世界大戦間はヘゲモニー国家不在の時代でした。戦争防止のために設けたはずの国際連盟にアメリカは参加せず、海外への関心は低いままでした。1920年代には海外旅行熱も高まりますが、その旅は知性や教養とは無縁なものばかりで、見聞を広めるという点では何の貢献にもならなかったのです。

世界経済の一体化が進み、要《かなめ》となる市場の暴落が世界を危機に陥れる。そんな簡単な構図を理解する者が欧米や日本の指導者にも欠けていた。だからこそ、大暴落が起きてもなすすべを知らず、それが事態のさらなる悪化を招いた。「暗黒の木曜日」が世界大恐慌へと発展した背後には、そのような事情があったのです。

ちなみに、**バブルの崩壊**は1637年のオランダで起きた**チューリップ**価格の大暴落を最初とし、1720年にイギリスで起きた南海泡沫事件がこれに続きます。

9 所得の再分配 ～格差社会の先には未来はない

2016年のアメリカ大統領選挙の民主党予備選挙において、当選が確実視されていたヒラリー・クリントンを、社会主義者を自称するバーニー・サンダースが最後まで苦しめたことは記憶に新しいでしょう。その少し前、オバマ政権下の2011年9月7日にはニューヨーク市マンハッタン区のウォール街で、「ウォール街を占拠せよ」をスローガンとするデモが起こり、それから2ヵ月あまりにわたって、世界各地で同様のデモが繰り広げられました。貧富の格差への怒りが、先進国の若者のあいだでも頂点に達し、何か行動を起こさねばという気持ちにさせたのです。

先進国での貧富の差の拡大は東西冷戦の終結とともに広がりました。それまでは共産主義への恐怖から自制心が働いていたのですが、冷戦の終結により最大の脅威が消え去ったのを境に、貧者を一切顧みないあくなき富の追求に歯止めがかからなくなったのです。

このため、新進気鋭の経済学者たちのあいだから、所得の再分配に向けての具体案が提示されるようになってきたのですが、実現までの道のりは遠いようです。

それにしても、同様の問題に対し、われわれの祖先はどう対処してきたのでしょうか。実のところ、政府が主導権を発揮することは少なく、その多くを宗教が担うというのが古今東西の慣例と化していました。**仏教、キリスト教、イスラーム**の世界三大宗教では、特にその性格が際立っていました。

仏教にはお布施という行為があります。国語辞典の『広辞苑』には、「人に物を施《ほどこ》し、めぐむこと」、「僧に施し与える金銭または品物」とありますが、これを大規模化したものが、「社寺などに金銭・物品を寄付すること」を意味する寄進という行為で、「公共事業または社寺などに金銭・物品を贈ること」を意味する寄附も寄進の延長線上にある行為です。

寄進はキリスト教にも見られる言葉で、意味するところは施しと大同小異です。施しを『岩波キリスト教辞典』で引くと、「貧困状態の人々、福祉施設、慈善事業団体などに行なう物質的・経済的な援助のこと」とあります。ここからは洋の東西に関係なく、宗教が行政のいたらない部分を補っていた構図が浮かび上がります。

それでは、仏教世界とキリスト教世界の中間に位置するイスラーム世界はどうかといえば、ここには喜捨《きしゃ》と日本語訳される言葉が二つあります。ザカートとサダカがそれで、どちらも喜捨か救貧税と訳されますが、後者が自発的な喜捨であるのに対し、前者は宗教的義務としての喜捨を表します。

ザカートの本来の意味は「浄化」、「増加」であり、現世で財産の一部をさし出すことによって宗教的に浄化される、来世での報酬を増加させられるという意味が込められていま す。その徴収は政府機関が代行するのが一般的で、農産物であれば収穫物の10パーセント、家畜であれば羊40頭につき1頭などと、細かく定められています。

こうした宗教界の役割に加え、行政の側でも、近代以降には**累進課税**の導入が図られます。富裕者に高い税率を課すことで税の公平性を保つと同時に、貧困層の不満を少しでも解消しようという策です。

近代のイギリスでは、累進課税の導入だけでなく、相続税の大幅増額が図られた結果、伝統的な貴族の中でも、地代収入だけに頼る者たちが軒なみ没落することとなりました。時代にあわせて変革をしないことには、生き残れなくなったのです。

話を宗教に戻すと、現在のロシアではロシア正教会と政府が相互補完関係にあります。ソ連時代に雌伏《しふく》を余儀なくされた教会は政治的な後ろ盾《うしだて》を欲し、政府の側では行政のいたらないホームレスへの給食サービスなどを教会に代行してもらう。かくしてロシアでは所得の再分配に及ばないまでも、教会と政府がウィンウィンの関係にあるのです。

第3章

「宗教」を押さえれば世界史がわかる

1 ユダヤ教 ～周囲に同化されないために特異な戒律を設ける
2 仏教 ～それぞれの宗派が一個の宗教のように発展する
3 儒教と道教 ～中国社会で表と裏の補完関係の歴史を歩んできた
4 ミラノ勅令 ～ローマ帝国で迫害から公認、さらには国教化へ
5 東方教会 ～西方教会とは別の道を歩み、民族宗教の色合いを帯びる
6 正統と異端 ～異教徒にはまったく理解できない「異端」
7 エルサレム ～何度も争奪の対象とされてきた聖地
8 宗教改革 ～不適切だった？ 旧教・新教という訳語
9 シーア派宣言とワッハーブ運動 ～イスラーム復興の流れを築いた二つの潮流

1 ユダヤ教 ～周囲に同化されないために特異な戒律を設ける

ユダヤ教はユダヤ人の民族宗教で、イスラームとキリスト教に先立つ一神教でもあります。**ユダヤ教の聖典はキリスト教でいうところの『旧約聖書』です**が、これは神話色が濃く、歴史を忠実に反映したものとはいえません。つまり、エジプトで奴隷状態に置かれていたユダヤ人の祖先たちを救い出したモーセが、シナイ山上で神から十戒を授かったことがユダヤ教の起源ではないということです。**現在では、ユダヤ教の成立はもっと新しいと考えられています。**

前11世紀、ユダヤ人の祖先は**イスラエル王国**と**ユダ王国**を築きますが、前者は前722年に現在のイラク北部を中心としたアッシリアに、後者は前586年に同じく南部のバビロンに都を置いた新バビロニアによって滅ぼされ、ほとんどの住民がバビロンと同国領内のあちこちに強制連行されます。「**バビロン捕囚《ほしゅう》**」と呼ばれる出来事がそれです。

バビロン捕囚は新バビロニアがイランのアケメネス朝により滅ぼされた次の年、前538年まで続きます。その間、ユダヤ人の祖先たちは自分たちのアイデンティティを保つため、一個の宗教を共有することにしました。周囲の異民族に同化されないよう、かなり異色な教えを備えさせた。そうして誕生したのがユダヤ教ではないかと考えられています。

ユダヤ教は一神教という点からして特異な存在でした。天候神や水の神を祀るのが当たり前の当時の西アジアにあって、あえてそれに逆らう神をつくり出したのですから。唯一神であれば万能でなくては困るというので、以来、ユダヤ国家の衰退や滅亡は神の力不足ではなく、人間側の信仰の不純や不信仰に対する神罰と捉えられるようになったのです。

ユダヤ教の教えには、肉と乳製品をいっしょに食べてはいけないとか、既定の屠殺《とさつ》方法によらない獣の肉を食べてはいけない、豚肉は絶対ダメなどと、食事に関しては厳しいところがありますが、それより何より特異なのは、安息日に関する規定でした。土曜日は一切労働をしてはいけないというのです。

この教えは、天地創造に際して神は6日間を要し、7日目は休んだという『旧約聖書』冒頭にある話に由来するのですが、ユダヤ教では7日目を土曜日、現在の暦でいえば、金曜日の日没から土曜日の日没までをそれとし、火を使う作業、一定距離以上の移動などを固く禁止しているのです。

このような教えを守ることで、周囲から白い目で見られ、差別や迫害にさらされるのは日常茶飯事でした。そのため、中世には教会の威信を高めるため、近代以降はナショナリズム高揚のためのスケープゴート（生贄《いけにえ》）として利用されることが一度ならずあり、ナチ政権によるホロコースト（大虐殺）はその極致であったのです。

しかし、ユダヤ人の誰もが信仰心に篤《あつ》いわけではなく、戒律の厳しさに嫌気がさして、キリスト教に改宗する者も歴史上少なからず存在しました。ユダヤ人からすれば、改宗した者はもはやユダヤ人ではなく、ユダヤ系という扱いで、居住地がドイツであればユダヤ系ドイツ人、アメリカであればユダヤ系アメリカ人とみなしていました。

けれども、ナチ政権はそういう解釈をせず、あくまで人種主義を優先させ、先祖をさかのぼり、一人でもユダヤ人の血が混ざっていればユダヤ人とみなしました。このことがホロコーストの犠牲者を増やす結果につながったのです。

2 **仏教**～それぞれの宗派が一個の宗教のように発展する

世界三大宗教の中で、**仏教**は異色の存在です。宗派の違いを超えて、共通の聖典とされるものがないのです。死して成仏することを目的としながら、宗派によって最重要の経典

世界三大宗教の違い

	仏教	キリスト教	イスラーム
性格	諸神に対する仏の優位	一神教	一神教
成立時期	前5世紀	1世紀	7世紀
創始者	ブッダ(釈迦)	イエス	ムハンマド
信仰対象	諸仏	神・イエス・聖霊	神(アッラー)
聖典	諸仏典	『旧約聖書』『新約聖書』	『クルアーン(コーラン)』『ハディース』
信仰施設	寺院	教会	モスク
目的	解脱	天国行き	天国行き

が異なるため、成仏にいたる道筋や方法がさまざまに説かれているのです。各宗派がそれぞれ一個の宗教であるといっても過言ではありません。

仏教誕生の地は現在のインドです。そこから北伝仏教と南伝仏教に分かれるのですが、前者は**大乗仏教**、後者は**上座部仏教**とも呼ばれます。後者はスリランカから東南アジアへ、前者は中央アジアから中国大陸、そこからさらに朝鮮と日本にも伝えられました。

ひと口に大乗仏教といっても、伝播の過程で変化していくのは避けられませんでした。土着文化と完全に異質な教えが受け入れられるのは難しく、それぞれの風土にあわせてアレンジを加えなければ、信者の獲得は不可能に近かったからです。

そのため、同じ宗派名でも、中国大陸と朝鮮半島、日本でそれぞれ教えが異なる事例が生じるわけで、他力本願の浄土宗などがその代表格です。

日本への仏教伝来は朝鮮半島と中国大陸の二方面からありましたが、鎌倉時代に入ると完全にオリジナルな宗派がいくつも誕生します。一向宗や日蓮宗、時宗などがそれで、鎌倉新仏教と総称されます。

中国大陸でも独自の変容がありました。僧侶の修行に武術を取り入れた嵩山《すうざん》少林寺がその例で、これは何も教団の武装化を狙ったわけではなく、厳しい修行に耐えられず脱落する者が後を絶たないのを嘆き、インド出身の達磨大師《だるまだいし》が健全な精神の前提条件として健全な肉体が必要であるとして、武術を取り入れたことに由来するのでした。

達磨大師は5世紀の人ですが、少し時代が下ると、少林寺の修行僧13人が唐の建国に関わるなどということもありました。さらに時代が下ると、どこの大寺院にも属さない仏教系の民間宗教も数多く現れます。元朝末期に**紅巾の乱**《こうきんのらん》を起こした**白蓮教**《びゃくれんきょう》はその代表格で、以来、白蓮教の系譜に属さなくても、政府から邪教と認定された教団は白蓮教の名で呼ばれるようになります。

18世紀末の清朝で起きた大反乱は嘉慶《かけい》白蓮教の乱と呼ばれますが、当事者である三つの教団のどれ一つとして白蓮教とは名乗らず、その後裔《こうえい》とも認識していませんでした。

しかし、白蓮教と総称された諸教団にはその教えに共通点もありました。お釈迦様の入滅（永眠）から56億7000万年後の未来に降臨して衆生を救済するとされた弥勒菩薩《みろくぼさつ》を固く信じ、人為的に降臨を早めようとした教えがそれです。

降臨を早めるとは末法の世、キリスト教でいう世紀末現象を演出するということで、そのために採られたのが反乱でした。先述した紅巾の乱はその最たる例だったわけです。

民間宗教の世界では仏教と道教の混淆《こんこう》が著しく、その傾向は近代になっても変わりませんでした。日本の神仏習合とは似て非なるもので、根底には世直しの思想が流れ続けていました。19世紀末には、それらの教えが伝統武術と結合します。

ときに、中国では列強による権益拡大に伴い、キリスト教会の進出も盛んでした。布教の拠点を内陸部にも設け、信者の獲得に努めたのですが、結果を急ぐあまり、不適切な人間を改宗させ、庇護下に置くことがよくありました。それも一因となって、各地で反キリスト教の機運が盛り上がります。

これだけであれば烏合《うごう》の衆であったところが、民間宗教を取り入れた武術団体が村々を巡り、お札《ふだ》を燃やしてその灰を飲み、この呪文を唱えれば、希望の神々が身体に憑依して、刀剣で斬られても銃弾を受けても平気でいられる。現在の山東省と河北省ではこのような宣伝に乗せられた者が多く、官軍を撃破するほどの力を持ち始めます。やがて清政府から正式な団練と認定された彼らは、義和団の名でくくられるのでした。

仏教には平和的なイメージが強いですが、中国の例を待つまでもなく、日本や朝鮮三国には有力寺院に僧兵が存在し、現代でもスリランカとミャンマーで仏教とナショナリズムが結びついた暴力が繰り返されています。功徳《くどく》を積まなければいけない現世で、このような罪を重ねては、いつか必ず然るべき報いを受けることでしょう。

3 儒教と道教 ~中国社会で表と裏の補完関係の歴史を歩んできた

中国の春秋時代は実力主義の世。多くの思想家が活躍したなか、他に大きく抜きん出ていたのが**孔子**と**老子**の二人でした。孔子の教えがのちに**儒家**、老子のそれが**道家**となるのです。

思いやりの心やしきたり、作法など、礼を重んじる儒家に対し、道家の教えは形式主義

を徹底排除して、何事も臨機応変に対処するよう説くなど、両者の教えは正反対といってよいものでした。

時代が下って漢代になると、儒家も道家もそれぞれ時代に応じた変化をたどります。儒家のほうでは、人間の行為と天変地異には相関関係があるとする災異思想もしくは天人相関説とする考え方が取り入れられ、道家のほうでは易（占法）や陰陽五行説、神仙説などの神秘主義的な思想が取り入れられた結果、儒家の教えは儒教と呼ぶほうがふさわしく、道家の教えものちの道教へ大きく近づいたのです。

そんなところへ新たな刺激が加えられました。**仏教の伝来**です。体系だった世界観を持つ仏教は中国思想界に強い衝撃を与え、道家の後裔たちは仏教に倣《なら》い、確たる経典や教義を持つ教団組織を整えていくのです。後漢末に黄巾の乱を起こした太平道や現在の陝西《せんせい》省南部の漢中に割拠した五斗米道などはその先駆けで、両教団とも呪術医療により信者を増やしていったところが共通しています。

南北朝時代の5世紀は道教の成立時期にもあたりますが、中国思想界ではこの頃から、儒教と仏教、道教の習合が模索され、のちの世に**三教合一**と呼ばれることになります。

しかし、それとは正反対の動きもあり、唐代には仏教より道教が優先され、大規模な仏教弾圧が実施されたことさえありました。その動機は、唐の帝室と老子の姓がともに李であったという、拍子抜けするほど単純なものでした。

儒教のほうでは宋代が大きな転換期となります。単なる秩序の維持ではなく、自己を磨き、完成された徳をもって人を治めるという、より積極的な教義が主流を占め始めたのです。南宋時代の**朱熹**《しゅき》**（朱子**《しゅし》**）**はその大成者で、その教えは**朱子**学と呼ばれます、彼が従来の儒家と異なるところは、仏教や道教を意識して、本来の儒教とはおよそ関係のなさそうな宇宙論を説き、これと道徳論を合体させるという離れ業をやってのけたことにあります。それが功を奏してか、朝鮮王朝や日本の江戸幕府では朱子学が正統な学問として受容され、現在にいたるまで深く影響を及ぼすのでした。

一方で三教合一の流れがありながら、他方では水と油の関係が保たれる。中国における儒教と道教の関係は現在も変わっておらず、人びとは器用な使い分けを行なってきました。単純化するなら、**儒教を建前に、道教を本音としてきた**のです。

儒教は家父長制社会を維持するのに都合がよく、政府としてもそれが社会の隅々にまで浸透していれば、楽に統治を行なうことができました。明の太祖のように、「父母に孝順であれ、年長者を尊敬せよ」など、儒教から農民の日常生活に密着した教えを抜粋して、「六諭」名で広く宣伝に努めた皇帝もおりました。

かたや道教の教えは現世利益に徹していました。特に人気だったのは財神や子宝、病気平癒の神で、ここには金銭に不自由することなく、大病にもかからず、たくさんの子や孫に囲まれて暮らすことを最大の幸福とする人生観が如実に表れています。

1910年代後半に始まる新文化運動の中で、儒教は封建時代の悪しき産物の代表格として叩かれまくりました。

ところが、1980年代以降の改革開放政策のもと、金儲けに至上の価値を置く拝金主義の考えが広まり、社会秩序の乱れも顕著になると、中国政府は一転、孔子に肯定的な評価を下し、儒教を民族伝統の一つとして持ち上げるようになりました。痛い目を見てようやく儒教のプラス面を再認識させられたのです。

4 ミラノ勅令 ～ローマ帝国で迫害から公認、さらには国教化へ

最初に**イエス**の言葉を二つ紹介します。

「剣を取る者はみな剣で滅びます」

「あなたの右の頬《ほお》を打つような者には、左の頬も向けなさい」

どちらも暴力を完全否定する内容であり、このため、初期キリスト教会では**非暴力主義**が徹底されていました。どんな迫害に遭《あ》おうと、暴力で返してはならないという教えです。

キリスト教徒に対する迫害といえば、「暴君」の代名詞ともされるネロのものが有名ですが、このときの迫害はローマ市内に限られていました。紀元64年に起きたローマ大火の責任をキリスト教徒に押しつけることで、市民の不満を抑えようとした、計画性のない突発的なものでした。ただし、キリスト教徒が生贄《いけにえ》に選ばれた背景として、当時のキリスト教徒が得体の知れないカルト集団と目されていたことも見落とすことはできません。

ローマ帝国全土でキリスト教徒に対する組織的な迫害が実施されたのは、249年に即位したデキウス帝のときが最初でした。迫害の理由は二つあります。一つはキリスト教徒が兵役に就くことを拒否したこと、もう一つは伝統的な神々や歴代皇帝に対する祭儀を拒否したことです。

ローマ帝国では、すぐれた業績を残した皇帝を死後に神として祀《まつ》ることが慣例化していましたが、唯一の神を崇《あが》める立場からすれば、それ以外の神を認めるわけにはいかず、祭儀に参加するなど、もってのほかです。それは歴代皇帝に限らず、ジュピターやマルスなど、伝統的な神々であっても同じでした。

こうしたキリスト教徒の姿勢に苛立《いらだ》ちを募《つの》らせていたところへ、組織的な兵役拒否という事態が重なり、デキウス帝は大規模かつ組織的な迫害に踏み切りました。ローマ市民としての一体感が破壊されるだけでなく、ローマ軍の弱体化を招く恐れもあったからです。

キリスト教徒が宗教的マイノリティーであることは、313年2月の**ミラノ勅令**により、信仰が公認された時点でも変わりありませんでした。けれども、信仰心の篤さという点では、伝統信仰のそれをはるかに上まわっていたのです。

ミラノ勅令は西の正帝コンスタンティヌス1世と東の正帝リキニウス会見の結果、公布されたもので、前者は324年にはローマ帝国で唯一の皇帝となり、いまだ洗礼の身でないにもかかわらず、教会内の意見の相違を解決するために公会議を主催するなど、キリスト教会の安定が帝国の安定に直結すると見ていました。臨終の床で洗礼を受け、その際にローマ市を含む全イタリアと西方属州をローマ司教の支配に委ねるとする寄進状を残したともいわれますが、現在では中世につくられた偽書であることがわかっています。

動物供犠《くぎ》（動物を神に供《そな》えること）を中心とする伝統信仰はすっかり形骸化して、闘技場で行なわれる残酷なショーも敬遠されがちになるなか、ローマ帝国としては新たな求心力が緊急に求められました。そこで決断を下したのが、379年に即位したテオドシウス1世で、この頃には教会のほうでも信徒たちに従軍を義務づけるなど、歩み寄りの姿勢を見せていたことから、話は意外と早くまとまったのです。

テオドシウス1世自身がキリスト教に入信したのは380年のことで、392年にはキリスト教を国教と定めます。その翌年にはギリシア伝統のオリンピア競技が開催されますが、同競技はそれをもって禁止となり、1169年間293回にわたって続けられてきた歴史にピリオドが打たれます。

5 東方教会 ～西方教会とは別の道を歩み、民族宗教の色合いを帯びる

キリスト教の宗派といえば、**カトリック**と**プロテスタント**だけだと思われがちですが、実はこの二つ以外にも、プロテスタントより長い歴史をもつ宗派が存在します。ギリシア正教会やロシア正教会などからなる**東方正教会**がそれです。

広い意味ではカトリックとプロテスタントとをあわせ西方教会としてくくり、東方諸教会と東方正教会を一括《ひとくく》りにして東方教会と呼ぶこともあります。東方諸教会については別

カトリックとプロテスタント(ルター派・改革派)の違い

	カトリック	プロテスタント
拠り所 ▶	聖書、聖伝、公会議の信条、教皇が発する教義	聖書のみ
教会建築 ▶	華美、重厚	聖像・聖画なし
教会組織 ▶	教皇を頂点とする監督制	相互協力に基づく合議制
聖職者 ▶	神父	牧師
秘儀 ▶	洗礼、堅信、聖体、悔悛、終油、品級、婚姻	洗礼、聖餐
礼拝 ▶	典礼書に定められた儀式と聖体拝領が中心	説教が中心
主な地域 ▶	南欧と中南米	ドイツ、北欧とスイス、オランダ、スコットランド

項で触れるので、ここでは東方正教会のみに焦点を当てます。

先述したコンスタンティヌス1世は帝国の都をローマから現在のイスタンブールに移した皇帝でもあります。それまでビザンティウムと呼ばれていたイスタンブールは、このときを境に「コンスタンティヌスの都」を意味するコンスタンティノポリスと改名されました。コンスタンティノープルはその英語読みです。

その後のキリスト教会はローマ、コンスタンティノポリス、エジプトのアレクサンドリア、シリアのアンティオキア、パレスチナのエルサレムを、全地方教会を束ねる5総主教座として信徒を増やしていきましたが、4世紀末に帝国が東西に二分されて以降、総主教座間の関係がきしみ始めます。

7世紀、アレクサンドリア、アンティオキア、エルサレムの3総主教座がアラブ・イスラーム軍の支配下に落ちてからは、ローマ教会とコンスタンティノポリス教会間の首位権争いが激しさを増します。

コンスタンティノポリス教会は帝都にあることを強みとし、対するローマ教会は初代教皇と位置づけられる聖ペテロ殉教の地であることを強くアピールしました。

もっとも、4世紀に『新約聖書』の決定版が編纂されたとき、ペテロの殉教について記した文書は正典に組み入れられず、それより格下の外典扱いとなりました。

コンスタンティノポリスはラテン語ではなくギリシア語文化圏に位置していた関係上、東ローマ帝国すなわちビザンツ帝国では6世紀、公用語がギリシア語に改められます。

それより前の476年には西ローマ帝国が滅び、ヨーロッパに君臨する皇帝はビザンツ皇帝ただ一人の状況が続いてことから、ローマ教会に対するコンスタンティノポリス教会の優位は動きませんでした。

焦りを募らせたローマ教会はフランク族を取り込むことで形勢の挽回に努めます。

800年にカール戴冠を実現させたのも、962年にドイツ王のオットー1世を神聖ローマ帝国皇帝として戴冠させたのも、みずからの生き残りとコンスタンティノポリス教会への対抗心のなせる業だったのです。

両教会の最終的な東西分裂は1054年のこととされています。お互いに破門をつきつけるという喧嘩別れでありながら、和解の余地を残しており、当事者たちはその分裂が恒久化されるとは思ってもいませんでした。

ちなみに、東方正教会の正式名称は「正統カトリック教会」で、「カトリック」は普遍を意味する言葉です。

後《うし》ろ盾《だて》であるビザンツ帝国が滅亡してからは、ギリシア正教会を頂点とする体制は崩れ、ロシア正教会やセルビア正教会など、民族別教会との関係も横並びとなりました。

現在でも東方正教会全体として共通しているのは、教会内部が多くのイコン（聖画像）で飾られているところです。

8世紀から9世紀には、それが偶像崇拝や唯一の神の否定にあたるとして、国家規模での破壊活動が展開されもしましたが、その嵐が過ぎ去ってからは、東方正教会に欠かせぬものとして絶えることなく継承されてきました。

6 正統と異端 ～異教徒にはまったく理解できない「異端」

キリスト教は一神教です。ギリシアの伝統信仰のように、雷神や海の神、戦いの神などと分かれてはおらず、唯一の神がすべてを受け持ちます。それだけに、ギリシア神話の神々のごとく、正義とは無縁というわけにはいかず、神の正義は絶対とされました。

願い事に関係なく、窓口が一つになったのですから、その一点に限れば、楽になったといえます。けれども、唯一の神というあり方は別の問題を生み出しました。聖書が救済にいたる道筋を示すものであれば、解釈は一通りでなければならず、イエスと神との関係についても同じことがいえました。

『新約聖書』の中では、イエスのことをたびたび「神の子」と呼んでいます。**神の子であればいずれ成長すれば神となり、神が2柱並び立つことになるのか。それは唯一の神という教えに反するのではないか。また、結果として三日後に蘇ったとはいえ、神の子であるはずのイエスが十字架上で息絶えるとはどういうことか。神との関係の中で、イエスをどう位置づければいいのか**などの点を巡り、どの解釈が**正統**でどの解釈が**異端**かとの論争が数百年にわたって続くことになるのです。

この間に異端として追放されたのは、イエスには人間としての意志しかないとする単意説、イエスには人性はなく神性のみが存在するとする単性説、子であるイエスは父である神に劣るとするアレイオス派などで、これらの中にはシリアのヤコブ派教会（シリア正教会）、エジプトのコプト教会、エチオピア教会、アルメニア教会、アッシリア教会（ネストリウス派）のように現在まで続くものがいくつもあり、**東方諸教会**と総称されます。

このように、古代末期の異端がイエスと神の関係を軸に生まれたのに対し、中世の異端はカトリック教会のあり方に疑問を呈するものでした。王侯貴族からたび重なる寄進を受け、みずからも領主となった教会は、「すべては神の栄光のために」と称して、華美な礼服で聖職者を、華美な装飾で教会の建物を飾り立てる傾向にあったのですが、それへの批判として、極端なまでに清貧を追求する聖職者とその信徒たちが異端とみなされたのです。

中世の異端で最初に台頭したのは、10世紀に現在のブルガリアで始まったボゴミル派でした。**結婚、肉食、飲酒の排除はまだしも、洗礼や十字架、奇跡、聖堂、教会組織までをも悪魔の創作として否定する**に及んでは、東西両方教会とも放置しておくわけにはいかず、最盛期にはバルカン半島全域を席捲しながらもたび重なる弾圧で、15世紀には消滅します。

ボゴミル派の影響を受けたかどうか定かではありませんが、12世紀の西ヨーロッパでは、同じく清貧を高らかに掲げるカタリ派が流行を見せました。その中でも南仏に流行したものはアルビ派と呼ばれ、不殺生や菜食主義、私有財産と結婚の否定などの厳格な戒律を実行しました。カトリックではこれに対抗するため、同じく清貧を掲げる托鉢修道会を設立させます。教会の贅沢に対する不満を少しでも反《そ》らそうとしての処置で、1209年設立のフランシスコ会と1216年設立のドミニコ会がその嚆矢《こうし》となりました。

ときの教皇の座にはインノケンティウス3世という精力的な人物が就いていました。破門という最後通牒を突きつけることにより、仏王フィリップ2世とイングランド王ジョンを屈服させるなど、教皇権の絶頂期を築いた人物で、彼は托鉢修道会に頼るだけではアルビ派の根絶は不可能として、1209年にアルビ派に対する十字軍を呼びかけます。

本来であればフィリップ2世が陣頭指揮をとるところ、彼はジョンとの戦いしか頭になく、そのためアルビ十字軍の遠征はシモン・ド・モンフォール以下の北フランス諸侯の手で始められ、フィリップの後を継いだルイ8世に受け継がれます。

ルイ8世にしてみればアルビ十字軍は渡りに船でした。王命に対する諸侯の従軍義務は40日と定められていましたが、教皇の命令による聖戦となれば話は別です。それまでパリとオルレアンを結ぶ回廊しか直轄地を持たなかったフランス王はアルビ十字軍を通じて南仏をも王領地化することに成功したのです。

7 エルサレム ～何度も争奪の対象とされてきた聖地

中東の**エルサレム**は、ある意味で世界屈指のホットスポットといえます。**主要交易路から大きく外れたうえ、生活用水の自給率が低いために戦略的価値のない土地**であったはずなのに、**三大一神教の聖地**ということで、激しい争奪の対象とされてきたからです。

三大一神教とは、成立の古い順に**ユダヤ教**、**キリスト教**、**イスラーム**のことを指します。

ユダヤ教とエルサレムの関係は、イスラエル王国とユダ王国の王位を兼ねたダビデが前住民から奪取したばかりの同地を首都に定めたことに始まります。次のソロモン王が神殿を築いたことから、エルサレムを特別な場所をする見方はさらに強固となります。

前586年、ユダ王国が新アッシリアによって滅ぼされたとき、エルサレム神殿も破壊されますが、アケメネス朝治下で再建を許され、前515年には完成します。その後、イエス誕生時にユダヤ王であったヘロデのもとで大改築がなされますが、紀元70年の第一次ユダヤ戦争において、勝利者のローマ軍により徹底的に破壊されました。けれども、このとき奇跡的に神殿の外周西側の壁の一部だけが破壊を免れたと、ユダヤ人の伝承は語っており、現在も聖域と崇《あが》められている「**嘆きの壁**」がそれにあたります。

次に、**キリスト教におけるエルサレム**は、イエスの十字架上での死と復活および昇天の地ということで、最大の聖地とされています。

イエスの亡骸《なきがら》が葬られた地の有力候補としては、コンスタンティヌス1世の母ヘレナによって建立された聖墳墓教会内部とする説と、ダマスカス門外の小丘とする説の二つがあります。ダマスカス門とはエルサレム旧城の北門にあたり、そこからすぐ北にある「園の墓」と呼ばれるところが、問題の場所とされているのです。

屋外にある「園の墓」はともかく、聖墳墓教会内部にあるイエスの墓を巡っては、キリスト教各宗派間で管理権争いが激しく、西欧列強のオスマン帝国への攻勢が強まった近代から現在にいたるまで、幾度なく聖職者同士による乱闘騒ぎが繰り返されてきました。

宗派ごとの管理区域を定めることでかなりましになりましたが、境界の曖昧な部分があるため、現在でもクリスマス後から年末にかけての大掃除の時期は緊張が高まり、パレスチナ自治区警察はいつでも出動できるよう待機を迫られています。

管理権を巡る争いは「最後の晩餐」の部屋やベツレヘムの聖誕教会にも及び、「最後の晩餐」の部屋では無用な衝突を避けるため、部屋の鍵をムスリムに託しています。

最後に**イスラームとエルサレムとの関係**ですが、イスラームではエルサレムをメッカとメディナに次ぐ第3の聖地と位置づけています。

メッカは預言者ムハンマド誕生の地にして最初の啓示を下されたところ。メディナは教団組織を整えたところにして臨終の地でもあります。それではエルサレムはどうかといえば、**実のところ、ムハンマドとエルサレムには直接の関係はありません**。まだ最初の啓示を受ける前、隊商交易に従事していたとき訪れた可能性はありますが、メディナに居を移してからは一度として訪れていないのです。

けれども、イスラームの伝承には、ムハンマドがまだメッカにいたある夜、メッカのカーバ神殿から天馬ブラーグに乗ってエルサレムまで飛び、そこから昇天して彼に先立つ預言者たちと話を交わし、神にも拝謁した話があるのですが、これではなぜ、エルサレムから昇天しなければならなかったのかの説明にはなっていません。

エルサレムが第3の聖地とされた理由は、もう少し時代を下ったところにあるようです。

結論を先にいえば、それはダマスカスを都とするウマイヤ朝の5代カリフ、アブドゥル・

マリクが、ムハンマドが天界巡りのため飛び立ったとされる岩をすっぽり覆うかたちで、俗にいう「岩のドーム」を造らせたことにありました。同様にムハンマドの着地ポイントにはアクサー・モスクが建てられたことで、エルサレムの聖地化が一気に進んだのですが、マリクがそれを行なった理由は、スンニ派にとっては正統カリフの4代目、シーア派にとっては初代イマームのアリーとその子孫を支持する勢力がメッカとメディアでは依然として強かったからです。敵対陣営の勢力範囲の外に新たな聖地をというので、ムハンマドの昇天伝承に基づき、エルサレムが選ばれたのでした。

8 宗教改革 ～不適切だった？旧教・新教という訳語

カトリックを旧教、プロテスタントを新教とする呼び方は誤解を招く恐れがあります。成立の順番でいえばそうなのですが、「旧」、「新」の言葉にどことなく優劣の響きが感じられるからです。

中世のカトリックが大きな問題を抱《かか》えていたことを否定するつもりはありません。教会が富の蓄積と誇示に狂奔し、聖職者が公然と妻帯または愛人を囲う様子はカトリックの権威を貶《おと》めるものにほかならず、なかでも極めつけは、総本山であるサン・ピエトロ大聖堂の改修費を捻出するため、民間に委託した贖宥状《しょくゆうじょう》の販売でした。どんな罪を犯しても、贖宥状を買えば帳消しになる。聖母マリアに性的暴行を加えたとしても、何の罪にも問われないとする宣伝文句はさすがに心ある聖職者たちの憤激を買わずにおかなかったのです。

カトリックの現状に対する激しい批判は12世紀イギリスの神学者ウィクリフが声をあげた頃から高まり出し、15世紀初頭チェコの**フス**も聖職者の土地所有と贖宥状の販売を厳しく糾弾していました。

そして、本格的な**宗教改革**が始まるのは、1517年、アウグスティヌス修道会士でヴィッテンベルク大学神学部教授の**マルティン・ルター**が城付属教会の門扉《もんぴ》に「**95ヶ条の提題**」を貼り出し、神学上の公開討論を呼びかけたのがきっかけでした。

ルター当人としては、あくまで学術論争のつもりだったのですが、教皇の側が過敏な反応を示したことから、神聖ローマ帝国皇帝・ドイツ王と教皇の二重支配に不満を抱くドイツ諸侯に押される形で、その主張はカトリックとは一線を画する方向へと傾いていきます。

かくして成立したのが、**聖書のみに忠実であれ（聖書のみ）**、**救済は純粋な信仰によってのみなされる（信仰のみ）**、**神の前での平等（万人祭司）からなるプロテスタントの三大**

原理でした。

教会や聖職者は存在しなくてもよく、設けるかどうか、誰をあてるかの判断は土地の領主に任される。聖書の理解は各人が直接読んで、感じたものを信仰すればよい。それがルターの主張でした。

こうしたルターの主張はドイツ全土と北欧に伝播するのですが、ルターが偶像崇拝の禁止を徹底化するよう訴えたことから、それらの地域では短期的ながら、不純物排除の名目で貴重なキリスト教芸術が数多く失われることとなりました。唯一の神を信じ、偶像崇拝を否定する立場から、同様の破壊行為は8世紀から9世紀にビザンツ帝国でも見られましたが、そちらは「聖画像」を意味するギリシア語のエイコンと「破壊」を意味するクラオーをあわせ、イコノクラスムと呼ばれています。

ルターに続くかたちでスイスのチューリッヒには**ツヴィングリ**、ジュネーブには**カルヴァン**が現われますが、ルターの教えを信奉する者たちがルター派ないしはルーテル教会と呼ばれるのに対し、ツヴィングリとカルヴァンのそれは改革派教会と呼ばれ、フランス、オランダ、スコットランドなどに広まりました。改革派の教えはカルヴァンの名をとってカルヴァニズムとも呼ばれますが、**為政者が神の意志に背く行為に及んだとき、民には抵**

抗する権利があるとする抵抗権思想、富の条件づきでの肯定、聖書を逐語的ではなく文脈の中で読み解くべきとする聖書解釈などを大きな特徴とします。

先述したように、旧教・新教という訳語だけを見れば、プロテスタントがすべてにおいて勝っていると思われがちですが、「聖書のみ」、「万人祭司」の原理には危険な落とし穴が付随していました。聖書の解釈が個人に任され、誰でも祭司になれるという状況がカルト教団を生む土壌と化しているのです。

カトリックの場合、教皇と公会議を頂点とする縦型組織が確立されていた関係上、逸脱のひどい勢力は異端として排除ないしは破門宣告を突きつけられましたが、プロテスタントにはそういう歯止めがありません。プロテスタントを隠れた国教とするアメリカの現状を見ても、その弊害は自ずと明らかでしょう。

9 シーア派宣言とワッハーブ運動 〜イスラーム復興の流れを築いた二つの潮流

イスラーム法により秩序づけられた国づくり。それを実践ないしは目指す運動・思想は**イスラーム主義**と総称され、現在で**シーア派国家のイランとスンニ派の盟主を自認するサ**

ウジアラビアが双璧をなしています。

シーア派の起源は3代目正統カリフが暗殺された後の後継者争いにあります。アリーを支持する勢力とシリア総督ムアーウィヤを支持する勢力がぶつかりあったのですが、双方の対立は次代へと受け継がれ、680年には「カルバラーの悲劇」が起こります。このときアリーの第3子フサインを見殺しにしてしまったとの後悔の念から、「アリーの党派（シーア・アリー）」が生まれるのですが、時代が下ると、単にシーア派と呼ばれるようになりました。シーア派も一枚岩ではなく、最大勢力の十二《じゅうに》イマーム派のほか、イスマーイール派（七イマーム派）やアラウィー派などに分かれています。

イランでシーア派が主流になったのは意外に新しく、1501年に成立したサファヴィー朝が十二イマーム派を国教にしたことに始まります。

サファヴィー朝の王家は神秘主義教団に始まり、トルコ系遊牧民のキズィルバーシュを武力として頼ることで台頭しました。そのため、国教を定めるにあたっては、キズィルバーシュとイラン住民の双方に配慮しなければならず、そうした妥協の産物として選ばれたのが十二イマーム派だったのです。

当時のイランではスンニ派が主流でしたが、当地のスンニ派住民の間には歴代イマームを崇拝する習慣がありました。イマームはアリーの直系子孫に限られ、死してなお神と預言者ムハンマドに次ぐ扱いを受けていたのです。

一方のキズィルバーシュは固有のシャーマニズムを保持しており、数あるイスラームの宗派・教団の中で、それにもっとも近いのが十二イマーム派だったのです。かくしてサファヴィー朝は国教を十二イマーム派に定めてから、当時のシーア派の中心であったレバノンから高名な法学者を招くなどして、名実ともに備わったシーア派国家に変貌を遂げたのです。1979年にイスラーム共和国の成立を実現させてからはいっそう自信を高め、国の枠を超えて十二イマーム派の普及と復興に努めているのです。

スンニ派はイスラーム多数派といわれもしますが、それは正確ではありません。厳密にいうなら、全ムスリムからシーア派とハワーリジュ派をさし引いた残りすべてがスンニ派に数えられます。ハワーリジュ派とはアリーを暗殺した急進派で、暗殺の理由はアリーが和平交渉を受け入れたことにありました。戦争の結果を神の意志とする彼らからすれば、和平交渉は逸脱にほかならず、その罪は死にあたると考えられたからです。

つまり、**スンニ派は一つの宗派ではなく、その他大勢につけられた俗称にすぎない**のです。複数のカリフが並び立つようになってからは統一感も完全に失われ、イスラーム以前の信仰と習合することが珍しくありませんでした。

その状況に真っ向から異を唱えたのが、17世紀に活躍したアブドゥル・ワッハーブというイスラーム学者です。既存の法学派や神秘主義、聖者崇拝などを逸脱として否定し、それらの破壊と撲滅を主張しました。現在のサウジアラビア王室の源流にあたるサウード家がワッハーブの思想に同調。全面的に受け入れたことから、ワッハーブの思想と実践はワッハーブ運動の名のもと、サウード家の盛衰と運命をともにしていきます。

第3次サウード朝が国名をサウジアラビアと改めたのは1932年のことでした。それまでにアラビア半島に点在した聖者廟はことごとく破壊され、一時はメディナにある預言者の墓でさえ例外とはされませんでした。

メッカとメディナという二大聖地を抱えるうえに、世界最大の産油国であるサウジアラビアはスンニ派の盟主だけでなく、中東イスラーム世界の盟主とも自負しており、後者の点ではイランとライバル関係にあります。

ワッハーブ運動の中心でもあるだけに、国内では女性の言動が厳しく規制されるなど、サウジアラビアはイスラーム保守派の牙城でもあります。海外での活動には不透明部分が多く、9・11同時多発テロ事件やシリア内戦への関与も疑われています。

第4章

「地政学」を押さえれば世界史がわかる

1 オリエントの大河 ～豊富な水に支えられた二大文明

2 黄河 ～開始時期はほぼ同じでも長江文明を大きく突き放す

3 地中海 ～地中海を征する者は世界を制するといわれた

4 山脈 ～外敵の侵攻を防ぐ天然の防壁

5 オアシス ～草原や砂漠地帯には不可欠なスポット

6 大西洋 ～アメリカ大陸原産のジャガイモとトウモロコシが世界を変えた

7 海峡 ～ジブラルタルやボスポラスでパワー・ゲームが展開される

8 運河 ～物流の歴史と世界経済の秩序をも変える

9 油田 ～採掘と原油の実用化により、砂漠地帯がホットスポットに

1 オリエントの大河 ～豊富な水に支えられた二大文明

世界史の教科書は**世界四大文明**から始まることが多いですが、実はこの「四大文明」というくくり、誰がいい始めたのかわからない摩訶《まか》不思議なものなのです。

ともあれ、古代文明が栄えた場所は世界全体で数十カ所に及び、その中で群を抜いていたのが右の四大文明で、そこに共通するのは大河の流域に栄え、独自の文字を発明していたことです。やはり多くの人口を安定的に養うには、洪水や氾濫の危険を覚悟のうえで、大河の流域に集落を構える必要があったのです。

エジプトにはナイル川、メソポタミアにはチグリス川とユーフラテス川という二本の大河があります。

メソポタミアという地名は「二つの川の間の土地」を意味するギリシア語に由来します。両大河とも現在のトルコ東部の山岳地帯に源を発し、シリア東部をかすめ、イラクを斜めに縦断した果てにペルシア湾（アラビア湾）に注ぎ込みます。

当時としては、とてつもない数の人間を養うことができた土地ですが、それだけに周囲

世界四大文明

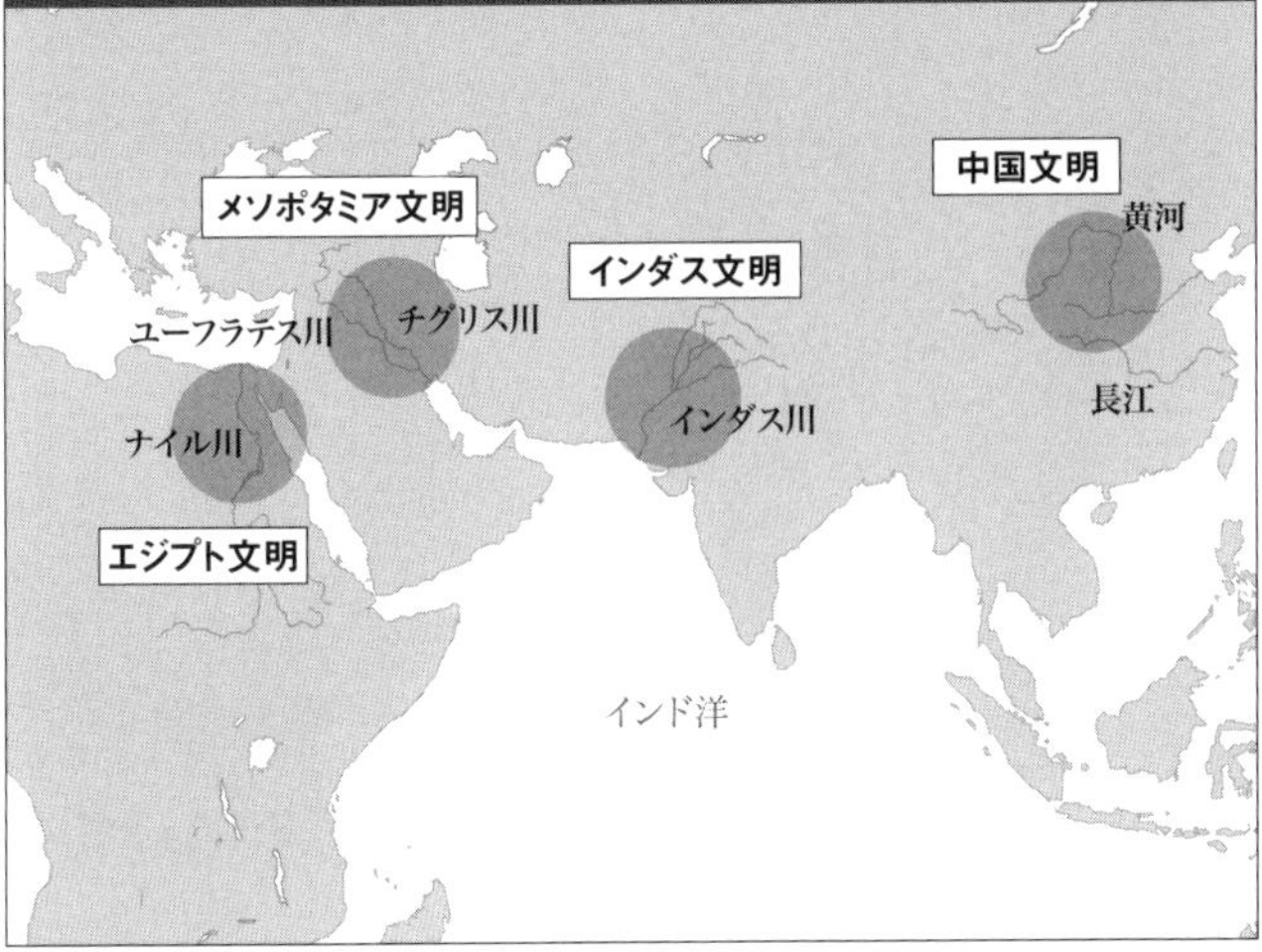

からは絶えず狙われることにもなりました。西方からの脅威は少なかったですが、北・東・南の三方からの侵入は絶えなかったのです。ときに南のアラビア半島は大半が砂漠で占められる関係上、養える人口に限りがあったことから、人口過剰が訪れるたびに、民族大移動の波がメソポタミアを襲いました。のちのアラブ・イスラーム軍の侵攻もその延長線上にあるとみてよいでしょう。

メソポタミアの南部はバビロニア、北部はアッシリアと呼ばれ、バビロニアの南部はシュメール、北部はアッカドと呼ばれました。**楔形文字**《くさびがた》を発明したのはシュメールに文明を築いた人びとですが、彼らが土着の人間だったのか、移住者だったのかはわかっていません。

都市国家がせめぎあう時代が長く続いたのち、大帝国が興亡を繰り広げる時代に入りますが、最初の大帝国と呼べるのは前8世紀から前7世紀前半にかけて全盛期を迎えた**アッシリア帝国**で、それに続いたのがアッシリアを滅ぼした**新バビロニア**です。その圧倒的な力は『旧約聖書』の中でも語られ、新バビロニアにより建造された「バビロンの空中庭園」や「バビロンの城壁」などの巨大建造物は「古代の世界七不思議」に数えられています。

古代ギリシアの歴史家**ヘロドトス**は「**エジプトはナイルの賜物《たまもの》**」という名言を残しましたが、その言に違《たが》わず、エジプトは世界最長の大河ナイルのおかげで、飢えとは縁遠い歴史を歩んできました。

ナイル川は毎年同じ日に増水を始め、同じ日に引き始めます。水かさの最高点こそ異なるものの、定期的に氾濫を繰り返すことで、疲弊した土地を回復させる機能を果たしました。氾濫といっても非常に緩慢な速度で進むため、死者が出ることもありませんでした。

古代エジプト文明といえば、巨大なピラミッドや神殿、ミイラ、ヒエログリフと呼ばれる独特な象形文字が印象的ですが、ここもまた肥沃な土地だけに、周辺からの脅威と無縁ではいられませんでした。ナイル上流の上エジプトが南方のヌビア族の支配下に置かれた時期もあれば、下流の下エジプトがシナイ半島を渡ってきたヒクソスというアジア系民族に支配された時期もあれば、西方のリビアでも沙漠の遊牧民が隙あらば侵攻しようと絶えず情勢をうかがっていたのです。

古代エジプトの豊かさを表す例として食べ物を挙げることができます。トウガラシを除けば、4000年前のエジプト人と現在のエジプト人が食べているものはほとんど変わらないのです。パンの焼き方にいたってはまったく同じであることが、地下墳墓に残された壁画などから確認されています。

2 黄河～開始時期はほぼ同じでも長江文明を大きく突き放す

中国文明は、**黄河**《こうが》と**長江**《ちょうこう》の二大河川流域でほぼ同時期に誕生しました。違っていたのは主要作物で、長江下流域では水稲栽培が開始されたのに対し、黄河中流域では稗《ひえ》や粟《あわ》などの雑穀栽培が開始されたのです。稲作の発生地として、かつてはインドのアッサム地方とする説が有力でしたが、近年の発掘調査の結果、長江下流域であることがほぼ間違いないとされています。

黄河と長江に共通しているのは、一部を除いて流れが緩慢なことです。長江の川幅のもっとも広いところでは、対岸が見えないため湖と勘違いするほどです。河川といえば流れの見えるのが当たり前と思っているわれわれ日本人からすると、中国の二大河川はその外見からして、カルチャー・ショックを禁じ得ない存在なのです。

ほぼ同時期に誕生しながら、黄河流域と長江流域ではその後の発展に大きな差がつきました。長江下流域にあたる現在の四川省には独自の青銅器文明が栄えましたが、その文明が衰退してからはしばらく歴史の空白があります。春秋時代、長江中流域に楚の国、下流域に呉と越が起こり、強国の仲間入りをするまでの歴史はわからないことだらけなのです。

中国最初の王朝である殷《いん》は黄河中流域に起こり、それ以前の歴史は神話色の濃厚なものとなります。三皇五帝と総称される聖君が入れ替わり統治にあたったとされますが、彼らに共通の課題は黄河をはじめとする河川の治水事業でした。洪水や氾濫を未然に防ぐためにどれだけ心血を注いだかが、聖君と凡君を分ける大きな目安だったのです。

数々の神話の中でもっとも興味深いのは、黄帝と炎帝という二人の聖君の存在です。前者は現在の河南省、後者は陝西《せんせい》省を中心に信仰された神ですが、神話研究者の中には、黄帝を部族神と仰ぐ勢力と炎帝をそれとする勢力が婚姻関係を重ねることで一体化し、それが漢民族の源流になったのではないかと唱える人びともいます。事実、現在の漢民族を指して、「黄炎の子孫」という表現もあります。

けれども、歴史や民族というのはそう単純なものではなく、殷王朝を中国最初の王朝としながらも、漢民族の王朝とすることには疑義もあがっています。殷王朝の王家を漢民族の祖ではなく、現在は西南少数民族の一つに甘んじているイ族によるものとする研究者がいるのです。イ族はチベット＝ビルマ語族の流れを汲んでいますから、漢民族とは肌の色や言葉もかなり違っていたはずですが、漢字文化を受け入れていたのであれば、交流に支障はなかったはず。20世紀中頃まで奴隷制を維持していたところなども、殷の文化の名残といえなくもありません。

ちなみに、殷王朝が滅ぼされてのち、王家の生き残りは河南省の一画に領土を与えられ、宋《そう》と称します。戦国時代の前286年には滅ぼされますが、生き残った民が南下して、西南部の山岳地帯に定住。奴隷制を守り続けたというのは、ありえない話ではありません。

殷王朝を滅ぼし、新たな王朝を築いたのは周ですが、その故地は現在の陝西省中西部です。中華思想の観点からすれば、西方の異民族は戎《じゅう》と呼ばれたことから、周の王家も地理的に見て、本来は戎の一つであったはずです。

同じことは秦の王家にもいえます。これまた陝西省中西部の出身で、秦の始皇帝こと秦王政の遠い祖先である非子《ひし》は馬や家畜を好み、よく飼育をしたといいますから、戎の血を色濃く受け継いでいた可能性が大です。

ところで、現在の中国南部や東南アジアの華僑・華人社会には客家《ハッカ》と呼ばれる人びとが多く居住し、彼らは自分たちこそ漢民族の純粋種であると自負しています。北方民族の支配を嫌い、一族をあげて南へ移住。それが繰り返されたあげく、広東省や福建省、四川省に散在するようになったというのです。それを裏づけるかのように、客家の言葉は方言差が少なく、居住する地域が違っても会話に困難をきたすことがありません。

客家の顔立ちは現在の華北の漢民族とは明らかに異なります。この点に関し、純粋種を保持しているとみるか、東南アジア系諸民族との通婚の結果とみるかは、研究者のあいだでも意見の分かれるところです。

3 地中海 ～地中海を征する者は世界を制するといわれた

イギリスのストーンヘンジ、アイルランドのニューグレンジ、フランス北西部のカルナック列石群はどれもエジプトのギザの三大ピラミッドより前に建築が始められたものです。同様の遺跡はポルトガル南部のエヴォラ周辺、サルデーニャ島、マルタ島、ゴゾ島などの地中海世界でも見られますが、それらの建造主についてはほとんどわかっていません。

もっとも古いものでは前5000年頃、新しいものでも前3000年頃の建造と推測され、そこに共通するのは太陽との関わりです。時間差があることから、同一の集団による伝播の可能性もありますが、太陽信仰は古代社会において広く見られ、巨石文明についても同様なので、それぞれ別個に成立した可能性も捨てきれません。

これら正体不明の巨石文明の担い手に遅れ、地中海世界にはギリシア系民族が現われ、最初はエーゲ海の島々に、次いでペロポネソス半島に黄金文明を築きました。地中海南岸のエジプト人は海洋進出に積極的ではなく、東岸では諸民族による混戦状態が続いていたことから、しばらくの間、**地中海世界ではギリシア人による独占状態が続きます**。

その状況に変化をもたらしのは、前14世紀から前13世紀にかけておきた「海の民」の襲来でした。「海の民」は特定の民族ではなく、食糧や定住の地を求めて東地中海全域を席捲した海洋民の総称です。

ギリシアの**ミケーネ文明**を滅ぼし、小アジアを中心に栄えた**ヒッタイト**の滅亡にも関与したといわれる「海の民」ですが、その一部は当時カナンと呼ばれたパレスチナに定住して、ペリシテと呼ばれるようになります。ペリシテのラテン語読みがパレスチナで、正式にパレスチナと呼ばれるようになったのはローマ帝国治下にユダヤ反乱が鎮圧された紀元135年のことでした。

時代が下ると、現在のレバノンにはフェニキア人、小アジア南西部にはリュディア人、イタリア半島中部にはエトルリア人などが現われ、それぞれ独自の文化を開花させます。なかでもフェニキア人はアルファベット文字を発明して、それをヨーロッパにもたらしたことで知られています。

もう少し時が下ると、フェニキア人の植民市に始まるカルタゴやローマ人をはじめとするラテン系諸民族が表に出てきます。カルタゴはフェニキア人により築かれた植民市の一つで、本国が衰退してからも繁栄を続けていました。

一方のローマ人は先住のエトルリア人や他のラテン系民族を従わせ、イタリア半島の統一に成功します。それだけであれば、**ローマ人とカルタゴ人が勢力圏を分け合うことで共存することも可能だった**でしょうが、歴史にはしばしば時の勢いというものがあり、ひとつ成功すればさらに上を目指したくなる欲望が両者の共存を阻んだのです。

争いの発端となったのはシチリア島でした。シチリア島の西部はカルタゴ人の支配下にあり、西部の支配権はギリシア人からローマ人へと引き継がれました。ともに波に乗る両者ですから、お互いに自分たちの勝利を信じて疑いません。かくして、両雄の直接対決が起きたのです。ローマ人がカルタゴのことをポエニ（フェニキアのラテン語読み）と呼んでいたことから、両者の対決は**ポエニ戦争**と呼ばれています。

ポエニ戦争は前264年から前241年、前218年から前201年、前149年から前146年の三度にわたり行なわれますが、いずれも**ローマ軍の勝利**に終わり、第三次ポエニ戦争の結果、カルタゴ側で生き残った者は全員奴隷として売られ、カルタゴの市街は徹底的に破壊されました。

ローマ軍がそこまでやったのは、カルタゴの再生力を恐れたからでした。惨敗を喫し、多額の賠償金を課せられても、瞬《また》く間に市街地を復興させ、賠償金の支払いも前倒しで終わらせる。そんなカルタゴのもつ経済力や生命力に心底からの恐怖を覚えたからです。カルタゴにしてみれば不幸な結果でした。

その後、前30年にエジプトのプトレマイオス朝が滅亡。**地中海は完全に「ローマの海」と化します**。**クレオパトラ**の色香だけでは歴史の大勢に抗《あらが》うことはできなかったのです。

4 山脈 ～外敵の侵攻を防ぐ天然の防壁

現在のアフガニスタンを北東から南西に走る山脈は**ヒンドゥークシュ山脈**と呼ばれます。中央アジアとインド亜大陸《あたいりく》（インド半島）を分ける天然の防壁をなしていますが、他の山脈とのわずかな隙間があることから完璧とはいかず、前2000年頃、中央アジアからの大規模な侵入を許してしまいました。侵入してきたのはアーリア人と呼ばれるインド＝ヨーロッパ語族の祖といえる集団でした。

インド亜大陸に侵入した集団は大きく二つに分かれ、そのまま南下してインダス川流域に定住した者たちは、そこからガンジス川流域へも支配の手を伸ばしながら、バラモン（司祭）を頂点とする階層社会を築きます。

一方、西へ向かった者たちはイラン高原に定住。アーリアと同じく「高貴な人びと」を意味するアリエン人（イラン人）と称し、前6世紀には大帝国を築くことになります。

左ページの図を見てもわかるように、**ヨーロッパの歴史上、もっとも重要な役割を果たした山脈はピレネー山脈とアルプス山脈の二つです**。現在でこそ、前者はフランスとスペ

世界の主な山脈・海峡・運河

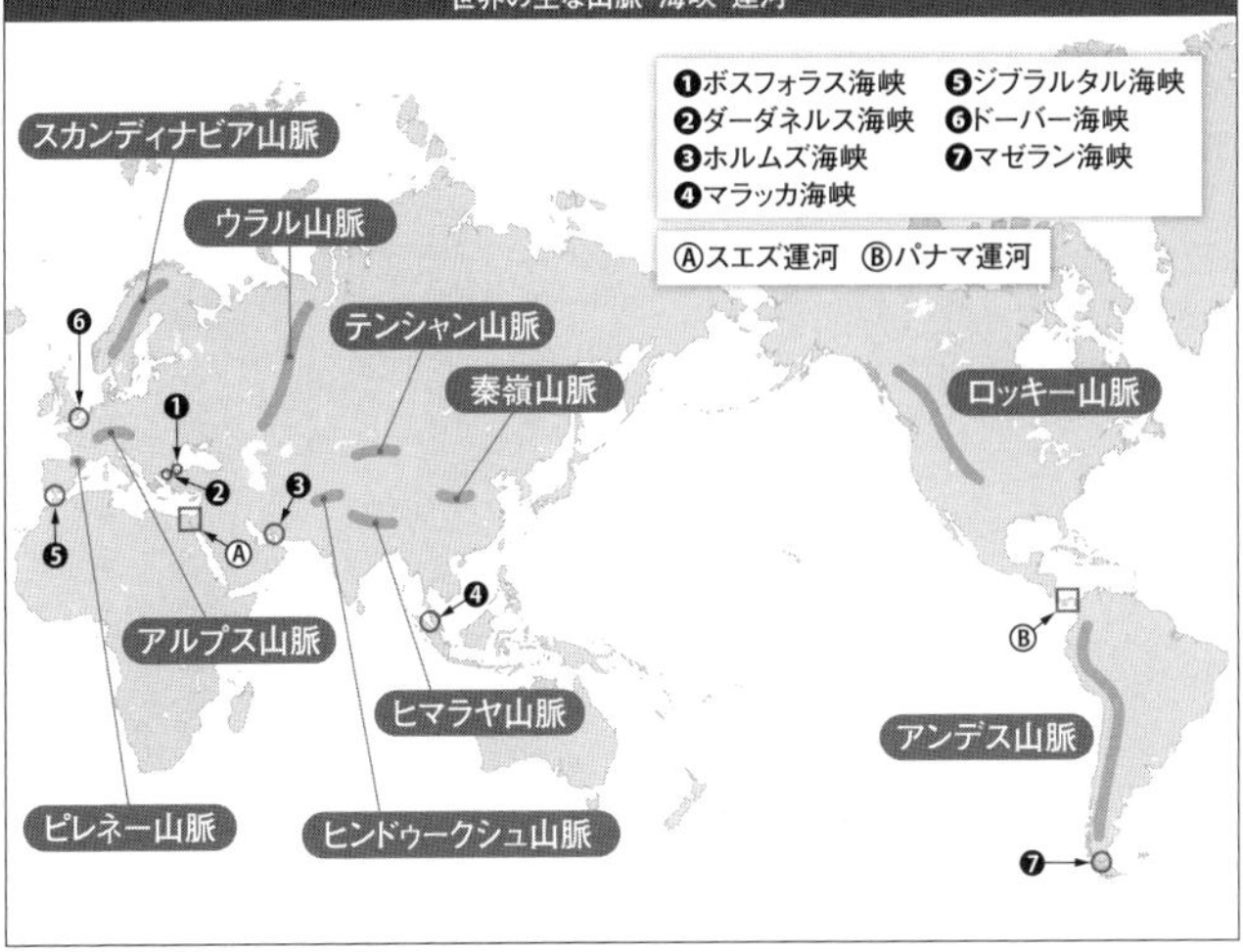

イン、後者はフランスおよびスイス、オーストリアとイタリアを分かつ天然の防壁となっていますが、これまた完全ではなく、山脈を超えて大軍の通過することが一度ならず起きていました。

ピレネー山脈は第二次ポエニ戦争に際して、カルタゴの将軍ハンニバルが象部隊をも従えて越えたことで有名ですが、ゲルマン民族の大移動期にはヴァンダル族がそこを過ぎ、西ゴート族は山脈をまたいで王国を築きました。険しい山々が連なることから、バスク人のように周囲とは系統を異にする民族が割拠することも可能で、フランク王国のカール大帝がイベリア半島へ遠征した帰り、殿軍《しんがり》を務めた一隊がロンスボーの谷でバスク人の襲撃を受け、全滅させられるという出来事もありました。この事件をもとにつくられたのが、フランス文学史上最古の叙事詩『ローランの歌』です。

イタリア半島の北限に位置するアルプス山脈はイタリアにとっては天然の防壁でした。フランク王国の分裂以降、統一権力のなくなったイタリアは、その防衛の多くをアルプスに頼まざるをえなかったのです。

前73年に反乱を起こした剣闘士奴隷のスパルタクスは真冬のアルプス越えができなかったために滅ぼされました。時代が下ると、北から南へのアルプス越えは比較的容易になりますが、軍費が通常の数倍になることを覚悟しなければならず、相応の見返りがないことには実行に移せませんでした。

とはいえ、教皇が鎮座するローマを影響下に置くだけでも、カトリックの君主としては十分に価値のあることでした。そのため15世紀から16世紀にはフランスとドイツの王がイタリアの覇権を巡り争い、何度もアルプスを越えることになります。経済的な負担は大でしたが、アルプス越えを果たすことは権威の強化に直結しましたから、多額の借金をしてでもやる価値があったのです。

スイスにとってのアルプスは少し変わった意味を持っていました。国土がアルプスの真ったた中にある関係上、防壁の役目とは裏腹に、農耕地の絶対的な不足を招いたのです。牧畜業だけでは養える人数に限りがあることから、近代以降、時計製造業や金融業が盛んになるまでは傭兵稼業が大事な収入源でした。現在でもバチカン市国の警備をスイス兵が担っているのはその名残なのです。

中国史上もっとも重要な山脈は、現在の陝西省中西部から南東部にかけて走る秦嶺《しんれい》山脈でしょう。魏・呉・蜀が争った三国志の時代には、同山脈が魏と蜀を分かつ天然の国境となり、蜀が守勢に立たされてからは、蜀にとって最大の防壁となりました。

時代が下って南宋の時代には、そこが女真族の金と南宋の国境となります。4000メートル級の高山こそないものの、2000メートル級の山々がいくつも連なるため、騎兵戦術は役に立たず、補給も困難を極めます。そのため金軍もあえて山脈越えをしようとはせず、そこを国境とすることで妥協したのです。

北方から秦嶺山脈を南へ越えれば、そこには漢中盆地が広がりますが、そこから四川盆地へ攻め込むには剣閣《けんかく》七十二峰と呼ばれる山々を越えなければならず、三国志の蜀はそこの街道上に剣門関《けんもんかん》という要塞を設け、最後の防衛線としていました。

5 **オアシス**～草原や砂漠地帯には不可欠なスポット

オアシスとは、砂漠の中に点在する肥沃な土地のこと。地下に溜まった雨水を生活用水として利用し、ナツメヤシなどを栽培しているところです。

西アジアのオアシスといえば、シリア砂漠の北端に位置し、前1世紀から後3世紀にかけて栄えた**パルミラ**を挙げることができます。紅海に臨むアカバで陸揚げされたインド洋交易の産物を陸路ローマ帝国領内に運ぶ際、必ず経由しなければならない場所に位置していたことから、隊商交易の町として大いに栄えたのです。

砂漠のオアシスといえば、アラビア半島の**メッカ**と**メディナ**もそうです。隊商の往来が頻繁で、預言者**ムハンマド**も隊商交易で見事な働きぶりを見せたことから15歳年上の未亡人ハディージャに気に入られ、最初の結婚をしたのでした。

砂漠を旅するのに欠かせないのは水と保存食です。中東の保存食といえば、何といっても**デーツ**が一番で、デーツとはナツメヤシの実のことです。オアシスには必ずナツメヤシの樹林があり、その実を乾燥させたものが保存食とされたのですが、隊商交易が消滅した現在でも、デーツが日常食として好まれていることには変わりありません。

隊商交易は砂嵐や盗賊の襲撃にさらされる危険な仕事で、リーダーに資質がなければ、全員の命が失われかねませんでした。統率力に秀でるだけでなく、知力と腕力、判断力など、さまざまな能力をかね合わせていなければ長くは続けらず、それをこなしていたムハンマドが並外れた資質の持ち主であったことに疑いはありません。

オアシスと隊商交易といえば、アジアでは**シルクロード**がよく知られています。海のシルクロードとも呼ばれる海上交易に比べれば一度に運べる量が少なく、決して割のいい商売ではありませんでしたが、イラン系民族のソグド人のように、もっぱら陸路の隊商交易を生業とする人びとも存在しました。

現在でこそ中央アジアの主要民族はトルコ系で、同地は**トルキスタン**の異名でも呼ばれますが、8世紀以前には、イラン系民族の中庭のようなものでした。西アジアと中国大陸間の東西交易を一手に担ったソグド人はトルコ系民族の突厥が北アジアから中央アジアにかけて支配していた時期にはその下で行政官僚を務めるなど、交易以外の仕事にも従事しています。

突厥《とっけつ》の衰退後、北アジアの覇権を握ったのは**ウイグル**でした。安史の乱に見舞われた唐王朝に援軍を派遣するなど、その軍事力はずば抜けていましたが、自然災害には抵抗する術《すべ》はなく、冷害に見舞われて弱ったところを、同じくトルコ系のキルギスに攻撃され、840年頃には国家が崩壊。ウイグルは四散を余儀なくされます。

このうち、東と南に向かった者たちは中国大陸に定住するのですが、もはや遊牧生活を続けることも、伝統文化を維持することも難しく、多くが漢民族に同化されました。

それに対して、西へ向かった者たちは、あくまで遊牧に適した地を探し求める集団と、適当なオアシスを占拠して定住生活に移行する集団とに分かれ、後者の例としては、現在の甘粛《かんしゅく》省中部に割拠した甘州ウイグル王国と同じく新疆《しんきょう》ウイグル自治区中央部に割拠した天山ウイグル王国を挙げることができます。

定住とはいえ、彼らは農民になったわけではなく、交易を生業《なりわい》としました。アジア内陸部の東西交易の主役がイラン系からトルコ系に代わったわけです。

東西の人や文物が往来するところだけにウイグルが受け入れた宗教も多様で、仏教徒もいればイラン由来のマニ教、さらにはネストリウス派のキリスト教を信仰する者までいました。ネストリウス派のキリスト教はウイグルを通じて北アジアにも伝えられ、モンゴルの中にもこれを信仰する部族が現われるのです。

6 大西洋 ～アメリカ大陸原産のジャガイモとトウモロコシが世界を変えた

コロンブス一行がアメリカ大陸から持ち帰ったもので、もっとも速く拡散したのは**梅毒**でした。それとは逆に、もっとも普及に時間のかかったのが**ジャガイモ**でした。見た目が悪く、芽には毒がある。それに加え、ヨーロッパに地中になる作物を食べる習慣がなかったことも大きく関係しました。

けれども、18世紀中にドイツで定着したのを始めとして、19世紀にはフランス、イギリス、東欧でも受け入れられ、イギリス領だったアイルランドでは主食の座に収まります。**トウモロコシ**も同じくアメリカ大陸原産ですが、こちらは比較的早くに受け入れられました。人間の食べ物ではなく、家畜の飼料としてです。

ジャガイモとトウモロコシの普及によってヨーロッパ全域に共通の現象が表れます。**人間・家畜ともに死亡率が大幅に低下したことから、人口爆発が生じたのです。**

人口の増加に農業生産力や新たな産業の創出が追いつかなければ、困窮化は避けられません。飢え死にを回避するには他郷に移住するしかなく、ヨーロッパ内に適当な土地がなければ、**大西洋**を渡るしかありませんでした。

ヨーロッパ人による**北米大陸**への移住の試みは、10世紀末のヴァイキングによるものが最初でした。「赤毛のエイリク」というあだ名の族長のもと実施されたのですが、気候の寒冷化にともない、12世紀頃には完全撤収を余儀なくされます。

再開されたのはイギリス植民地下の17世紀初頭のことで、**中南米**を植民地化したスペインとポルトガルに対して大きく後れをとっていました。けれども、受け入れの余地と将来性に関しては北米大陸に分があり、ヨーロッパから大西洋を渡る移民たちはまずアメリカを目指し、そこでうまくいかなければカナダか中南米へ再移住を試みるというのが一つのパターンともなりました。少し時代が下ると、移住先に**オーストラリア**と**ニュージーランド**が加わります。

イギリスの対外政策がインド洋と大西洋を両天秤にかけたのに対し、アメリカのそれは19世紀の末まで、アメリカ近海と大西洋にしか及んでいませんでした。

アメリカが大西洋のかなたに求めたのは歴史と伝統でした。アメリカで成功した者がイギリス本土の貴族と婚姻関係を結ぶ。伝統的な貴族の没落が避けられなくなった19世紀後半以降、貴族と成金間の大西洋をまたいでの通婚が増えていくのですが、これは領地と館《やかた》を守るために金銭を必要とする貴族と、箔《はく》をつけたい成金との利害が一致したからでした。アメリカはヨーロッパを旧世界と馬鹿にしながらも、自分たちの歴史が浅いことに強いコンプレックスを抱き、成金の行為はそれを解消するための一つの策でもあったのです。

先述したように、**大西洋は砂糖と奴隷を柱とした三角貿易の舞台**でした。国際貿易の主部隊がインド洋から大西洋に移行したわけですが、それも長くは続かず、20世紀に入ると、太平洋の時代が到来します。

しかし、大西洋の価値が皆無になったわけではなく、第二次世界大戦後は特に、アメリカとイギリスの深い結びつきを中心にした、大西洋を介した関係が強化されます。軍事や経済など、あらゆる面でのアメリカの優位が自明のものとなり、アメリカでもヘゲモニー国家として自覚が高まったことから、北大西洋条約機構（NATO）のようなアメリカ主導の軍事同盟が生まれることとなったのです。

7 海峡 ～ジブラルタルやボスポラスでパワー・ゲームが展開される

海峡とは、二つの陸地が接近して海が狭まった海域のこと。場所によっては、**戦略上の**

要衝として、歴史の表舞台に立つところもあり、ヨーロッパとアジアを分かつボスポラスとダーダネルスの両海峡はその代表格です（119ページの図参照）。

アジアからヨーロッパ大陸へ入るには、北に大きく迂回して行く陸路もありましたが、それでは時間がかかりすぎます。そのため、前480年にアケメネス朝がギリシアへ攻め込んだ際には、船を並べ、船橋をつくって渡りました。

アレクサンドロス大王のアジア遠征時には船に乗って渡りましたが、海に縁のない生活を送ってきた内陸部の勢力では船舶の手配もままならず、制海権も握っていないことには途中で沈められる恐れもあります。狭い場所だけに相手も十分な備えをしていましたから、大軍を無傷で渡らせるのは、なかなか難しいことだったのです。

オスマン帝国がまだオスマン朝と呼ぶべき規模だった14世紀初頭、彼らが最初にヨーロッパへ渡るのに利用したのはダーダネルス海峡でしたが、そのときはビザンツ帝国に傭兵として雇われて堂々と、もしくは大地震のどさくさに紛れてともいわれますが、どちらにせよ無傷で渡ったことに違いありませんでした。

オスマン帝国の衰退が顕著になった18世紀後半以降、不凍港を求め、南下政策を推し進めるロシアとオスマン帝国がたびたび衝突し、1833年に結ばれたウンキャルシ条約では、両海峡におけるロシアの自由航行権が認められます。けれども、ロシアの地中海進出は英仏にとって脅威となるため、クリミア戦争後の1856年に結ばれたパリ条約により、ロシアの特殊権益は白紙にされました。両海峡の航行権はそれくらいデリケートな問題だったのです。

地中海から大西洋に出るには、イベリア半島とアフリカ大陸西北端を分かつジブラルタル海峡を通過する必要があり、これまた何度も歴史の表舞台となったところです。

ジブラルタル海峡の幅はもっとも狭いところで13キロメートル。内応者がいないことには、敵に気づかれずに渡ることは不可能ですが、711年、イスラームの将軍ターリク・イブン・ズィヤードは内応者に恵まれ、無傷でイベリア半島に上陸することができました。これにちなんで、ヨーロッパ側にそびえる岩山は「ジャバル・アッターリク（ターリクの山）」と名づけられ、のちになまってジブラルタルと呼ばれるようになったのです。

レコンキスタ（国土回復運動）の達成後、ジブラルタルの市街と海峡はスペイン領となりますが、他の列強が見逃すはずはなく、1701年に始まるスペイン継承戦争を経て、1713年に結ばれたユトレヒト条約により、同地はイギリスに割譲されました。

その後、スペインから繰り返し返還要求を突きつけられますが、イギリスは突っぱね続けます。1967年には帰属をめぐる住民投票も実施されますが、イギリス領に留まる意見が圧倒的多数で勝利を収めます。

1969年には外交・防衛・治安を除いての自治権が付与され、独自の議会も設置されますが、これをスペイン政府が快く思うはずはなく、1985年、堪忍袋の緒を切らしたスペインは国境封鎖という強硬策に打って出ます。

一時は武力衝突の危機も高まりますが、強硬派より穏健派の声が勝ったことが幸いして、2006年にはジブラルタル、イギリス、スペインの三者間で関係改善に関する三者協定が結ばれ、2009年にはおよそ300年ぶりにスペイン閣僚のジブラルタル公式訪問が実現するなど、平和的解決への努力が続けられています。

8 運河 ~物流の歴史と世界経済の秩序をも変える

運河とは、船舶の航行のために人工的に開削された水路のことをいいます。世界の歴史上、もっとも大きな役割を果たしたのは、**地中海と紅海を結ぶスエズ運河**にほかなりません。それまでアフリカ大陸南端の喜望峰をまわらなければならなかった航路が飛躍的に短縮されたのですから（119ページの図参照）。

スエズ運河を築いたのはフランスの元外交官**レセップス**でした。エジプトの事実上の君主である副王ムハンマド・サイード・パシャがまだ少年であった頃、家庭教師を務めたという個人的つながりから全権を託され、1859年4月に着工。苦難の工事を経て、1969年11月17日、完成へとこぎつけたのです。喜望峰まわりでは二週間かかる航海がわずか48時間に短縮されたのですから、世界的な物流革命につながる大事件でした。

当初、**イギリス**はスエズ運河の持つ意味を重大視していませんでしたが、いざ開通してみると、利用する船舶の過半数が英国籍であるとわかり、見方を180度転換させました。

イギリスにとっては折りよいことに、財政難にあえぐ**エジプト**がスエズ運河株の売却を検討しているとの情報がもたらされます。議会に諮《はか》っていては手遅れになりかねず、ときのイギリス首相ディズレリはユダヤ系財閥のロスチャイルド家から緊急の融資を取りつけ、そのお金でスエズ運河の最大の株主になることができたのです。

イギリスはこれを機にエジプトでの利権拡大を加速させ、1882年にはスエズ運河一隊を占領し、自国の軍事基地とします。エジプトの植民地化を進めたわけです。

第一次世界大戦後の1922年、エジプトは独立を達成しますが、スエズ運河に対するイギリスの利権は残されたままでした。これの回収を断行したのは、アラブ・ナショナリズムの旗手として仰がれることになるナセル大統領でした。

1957年7月、エジプトはアスワン・ハイダム建設に関して英米両国に援助を求めていましたが、両国はエジプトがソ連から武器援助を受けていることを理由に要求を拒みます。そこでナセルは同年7月30日、**スエズ運河の国有化**を宣言。強制的に接収します。これに対して運河の二大株主である英仏はイスラエルを誘って戦争を仕掛けるのですが、これはスエズ動乱とも第二次中東戦争とも呼ばれます。

戦況はエジプトに不利でしたが、国際世論の味方もあって、エジプトは悪くない条件でスエズ運河の国有化を国際的にも承認されたのでした。その後の改修工事や船舶の改良などもあって、現在ではスエズ運河の通過に要する時間は15時間にまで短縮されています。

スエズ運河に次いで重要なのは、**大西洋と太平洋を結ぶパナマ運河**です。建設工事はスエズ運河と同じくレセップスによって着手されますが、彼の病死とともに休眠状態に置かれていたものを、**アメリカ**が4000万ドルの金額で資産と利権を買い取ったことで、事態は急展開を始めます。1903年には、コロンビアからのパナマ独立を援助した見返りとしてヘー・ビュノーバリヤ条約を結び、開削権に加え、運河とその両側8キロメートルの地域を永久支配する権限をも得たのです。

翌年から始まった工事は1913年3月には完成。1914年8月に開通します。それまで南米大陸南端のホーン岬を迂回していた航路がわずか8時間に短縮されたことで、アメリカ東海岸と西海岸間の物流がスムーズとなり、アメリカは世界一の経済大国となる土台を築いたのでした。

しかし、世界的なナショナリズムの高揚はパナマにも及び、第一次世界大戦後から運河の回収を求める声が高まります。アメリカ政府もこれを無視することはできず、1936年を始めとして段階的な譲歩を重ねたあげく、1977年には1999年までに支配権を完全移譲することで話がまとまり、1999年の大晦日、その約束は果たされました。

9 油田 ～採掘と原油の実用化により、砂漠地帯がホットスポットに

石油や**天然ガス**の存在は紀元前の昔から知られていましたが、現在のような石油産業は1859年、アメリカで油田の機械掘りに成功したことに始まります。

油田とは採掘するに足る原油を生産する一定の地域のこと。近年でこそアメリカやカス

ピ海沿岸が注目されていますが、**確認されている世界埋蔵量の半分以上が中東であること**に変わりありません。

中東における油田の発見は1907年のイランが最初で、これに1927年のイラク、1932年のバーレーン、1938年のサウジアラビア、1946年のクウェイトが続きます。

油田が発見される前、ヘゲモニー（覇権）国家であったイギリスにとって、中東はインドとの通交の中継点にすぎず、そこが石油産業の中心になるとは思ってもいませんでした。油田が眠っているという発想もなければ、石油が有望な商売にも政治的な武器になるとの発想もなかったはずです。すべては後の祭りでした。

石油の国際的な流通に関しては、スタンダード石油やロイヤル・ダッチをはじめ、欧米の大企業からなるメジャーズ（国際石油資本）の独壇場でしたが、第二次世界大戦後の世界的なナショナリズムの高まり受け、1960年には湾岸産油国を中心に**OPEC**（石油輸出国機構）、1969年には**OAPEC**（アラブ石油相会議）が結成され、国際的な勢力図は変更を迫られました。

湾岸産油国はイランを除いてはアラブ人国家で、パレスチナの解放とアラブ人統一国家

の樹立を「アラブの大義」とすることで漠然とした一体感を持っていました。その潜在的な力が初めて世に示されたのが、1973年10月6日に始まる**第4次中東戦争**に際して発動された**石油戦略**でした。

産油量を即時10パーセント削減したうえで、その後も毎月5パーセントずつ減産する。イスラエル支援国であるアメリカとオランダに対しては全面禁輸。非友好国の日本やドイツには一部輸出削減を行なうと宣言したもので、これによって生じた国際的な混乱は**第一次石油《オイル》ショック**と呼ばれます。第一次というからには第二次があるわけで、1979年のイラン革命をきっかけに生じた状況がそれにあたります。

二度にわたる石油ショックは先進国に大きな教訓を与え、石油の備蓄や代替エネルギーの開発、節約意識の啓発などを促しましたが、代わりのきかない部分も多々あるため、石油の重要性は依然として高く、油田を有する国の去就が世界の注目を集める状況にも変わりありません。

とはいえ、イスラエルに対する軍事的劣勢が動かしがたくなると、「アラブの大義」を叫ぶ声は小さくなり、**アラブ諸国はこぞって一国ナショナリズムとオイル・マネーの恩恵に浴する生活に走り始めます**。サウジアラビアをはじめ、現在のドバイやカタールはその最たる例ですが、繁栄のかたわらで、労働を外国人頼みとする体質、石油や天然ガスなどの埋蔵資源が枯渇した後の対策が後手にまわるなど、遠からず訪れるであろう事態への認識が甘く、危機意識の低さが共通の課題ともなっています。

またオイル・マネーの使い道にしても、イスラーム過激派へ武器・資金援助をしている者が少なからずおり、シリア内戦が起こり、それが泥沼化したのも、それらの支援が主因であったといわれています。

アラブ諸国と対照的な動きを見せたのがイランです。1979年の革命後、最高指導者のホメイニが「革命の輸出」を公言し、イスラーム世界全体をシーア派に染める野心をあらわにしたことが一因となって、翌年8月には**イラン・イラク戦争**が勃発します。

9年間に及んだこの戦争で、国際社会の一番の関心は両軍の戦果でも死傷者の数でも、化学兵器によるクルド人の被害でもなく、原油を積んだタンカーの安全確保でした。ペルシア湾（アラビア湾）を航行する船舶への無差別攻撃と、同湾と外海であるオマーン湾を結ぶ**ホルムズ海峡**の閉鎖の二点が、最大の関心事だったのです。湾岸諸国からの原油の輸出が途絶えれば世界経済に深刻な打撃を及ぼすのは必至で、絶対にさせてはならないというのが、先進国首脳たちの共通認識でした。

第5章

「軍事」を押さえれば世界史がわかる

1 胡服騎射 〜戦争の様相を大きく変えた騎馬戦術

2 アラブ軍 〜二大大国の疲弊に乗じる

3 モンゴル軍 〜事前の情報収集と宣伝工作で向かうところに敵なし

4 火薬 〜爆薬から鉄砲、大砲へと進化

5 百年戦争 〜フランス軍は同じ轍を踏み、二度も大敗する

6 オスマン帝国 〜ヨーロッパ全土を震撼させた常勝軍

7 第一次世界大戦 〜新兵器が続々と登場する

8 核兵器 〜戦争の抑止力になりながら、一度でも使われたら大惨事に

9 湾岸戦争 〜科学技術の優劣が勝敗を決する

1 胡服騎射 ～戦争の様相を大きく変えた騎馬戦術

中華思想は華夷《かい》思想とも呼ばれます。自分たちの生活圏を世界の中心として、それより北に住む異民族を狄《てき》、西に住む者を戎《じゅう》、東に住む者を夷《い》、南に住む者を蛮《ばん》と呼び、蔑視してきたのです。文明の受け入れを拒む野蛮人と位置づけていた関係上、中華の民が異民族の習慣を取り入れるなどありえず、あってはならないことでもありました。

けれども、北方民族の匈奴の軍事力は誰もが認めざるをえず、戦国時代、北で匈奴と直接境を接する趙の武霊王は自尊心より国家の存亡を大事とし、即位から19年目、**胡服騎射**《こふくきしゃ》の導入を断行したのです。ここでいう「胡」とは遊牧民族の総称で、「胡服」は馬に乗るのに適した遊牧民族の服装、平たくいえば、ズボン・スタイルを指します。

それまで中華の人びとは、スカート上の単衣を常服としていました。軍人も同じで、これでは馬に乗りにくいこと、この上ありません。まだ鐙《あぶみ》（馬の鞍《くら》の両脇に下げて足を踏みかけるもの）が発明される前でしたから、馬に乗るだけでも大変だったはずです。

当然ながら、反対の声は強くありましたが、現在の河北省南部にあった中山国に押し込まれ、その他の戦線でも守勢を余儀なくされている情勢では現実的選択をする以外に生き延びる道はなく、趙軍全体に胡服騎射の導入が受け入れられました。

鐙なしで馬を乗りこなすのは至難の業でしたが、国の存亡がかかっているとあっては各自習得に励むしかなく、そのかいあって趙は、戦国七雄の中で最初に騎兵部隊の結成に成功したのでした。

胡服騎射を導入した趙軍の勇姿

騎兵の優位は馬上から敵に斬りつけ、あるいは弓を射ることに加え、歩兵とは比べ物にならない機動力と突破力にあります。兵の人数が同程度なら騎兵のある側が有利。たとえ人数で劣っていても、騎兵の投入で不足を補って余りあります。事実、趙は中山国を押し返したうえ、西方では秦との戦いを有利に進めるなど、一躍戦国七雄の注目を集める存在と化したのでした。

しかし、他の六雄がこぞって趙に倣《なら》ったことから、趙の優位は短期間で終息しました。それからは単に騎兵を有するだけではなく、騎兵と歩兵をいかに効果的に利用するか。兵法の応用により優れた者が勝者となる時代に突入したのです。

胡服騎射と似たような話は西洋にもあります。ヨーロッパで最初に騎兵を取り入れたのは**マケドニア**でした。こちらもまだ鐙がないため、乗りこなすまでは大変でしたが、それが貴族にのみ許された特権とあれば、意地を見せないわけにはいかず、マケドニアはアレクサンドロス大王の父フィリッポス2世のときに一躍強国として名をあげるのでした。

マケドニアは東に接するスキタイの強さを見て、騎兵戦術の導入を決めたと思われます。スキタイは黒海北岸の草原地帯を故郷とするイラン系の遊牧民。前6世紀後半にはドナウ川中下流域にまで勢力を広げ、前513年にはアケメネス朝のダレイオス1世の侵攻をも撃退しています。前339年にはアテアス王のもと、マケドニアのフィリッポス2世と激突していますから、おそらくその戦いがマケドニアにとって転機となったのでしょう。

それまでマケドニアを田舎者と見下していたギリシア諸都市は陸上の戦力を、重装歩兵を密集させての正面突撃に頼ってきました。これで超大国アケメネス朝相手のマラトンの戦いにも勝利しただけに絶大なる自信も有していたのですが、騎兵を縦横に駆使して神出鬼没の攻撃を展開するマケドニア相手にはまったく歯が立たず、ギリシアとマケドニアの立場は完全に逆転したのです。

西洋で鐙が発明されたのはローマ帝国時代、東洋では漢代のことで、一人前の騎兵になるまでの歳月は大幅に短縮されたのでした。

2 アラブ軍～二大大国の疲弊に乗じる

西にはコンスタンティノポリスを都とする**ビザンツ帝国**、東には現在のイランとイラクを支配下に置く**ササン朝**。6世紀から7世紀にかけて、この二大大国がシリア・パレスチナ地方の支配をめぐり激闘を繰り広げます。

ときにササン朝の弱体化が進んでいたのに乗じて、610年に即位したビザンツ皇帝ヘラクレイオス1世は小アジアだけでなく、シリア・パレスチナ地方とエジプトの奪還にも成功します。けれども、疲弊していたのはビザンツも同じで、戦争の継続は難しく、食糧の強制徴収などすれば、いつどこで反乱が起きておかしくない状況でした。反乱が起きた場合、鎮圧できるだけの力も残っていなかったのです。

東西の両大国が疲弊の極にあったとき、直接統治をする価値はないと放置されていたアラビア半島で大きな変化が起きていました。メッカ生まれの**ムハンマド**により、新しい宗教が誕生したのです。その名は**イスラーム**。これがアラビア語で「絶対帰依すること」を意味することから、研究者の間ではイスラーム教ではなく、単にイスラームと呼ぶのが一般的です。

ムハンマドが存命の間にアラブ・イスラーム国家はアラビア半島の西半分を、続く正統カリフ時代の初代カリフ、アブー・バクルの代にはアラビア半島全域を支配下に収めます。

2代目のウマル・イブン・ハッターブ（ウマル1世）の代には、636年のヤルムークの戦いではビザンツ帝国、642年のニハーワンドの戦いでササン朝を破り、シリア・パレスチナ地方に加え、エジプト、黒海とカスピ海の間のカフカス南部、イラン・イラクの大半を支配下に収め、占領地を2倍にも増やしました。

3代目のウスマーンの代にはササン朝を滅ぼし、現在のアフガニスタンからウズベキスタンにかけて、661年に始まるウマイヤ朝のもとではマグレブ（エジプト以西の北アフリカ）とイベリア半島の大半を支配下に収め、地中海を半ば囲う構えを築いたのでした。

それまで歴史の表舞台に立つことのなかった**アラブ人**が、なぜ短期間でこれだけ広大な土地を占領することができたのか。それはビザンツ帝国とササン朝の疲弊や圧政という外因だけでは説明のつけきれないことです。

それまでまとまることを知らなかったアラブ人がイスラームへの信仰という軸ができたことで、大同団結ができた。その結果、自分たちにも予測できなかったほどの巨大な力が生まれたということはいえると思います。

もちろん、これは一因であってすべてではありません。ムハンマドは戦利品の公平な分配を約束することで味方を増やすかたわら、自らが指揮する戦いを聖戦と位置づけることによって、戦死者の魂が天国に行くことを約束しました。アラブ・イスラーム軍の快進撃は現世利益と来世の保証という聖俗両面によって支えられていたのです。

結束すれば強い国をつくれるだろうに。現在それをもっとも強く感じさせられるのは中東のクルド人です。イラン系民族である彼らの居住域は、トルコ、シリア、レバノン、イラク、イランにまたがっており、総人口は約2000万人といわれています。

一国をなすに十分な人数ですが、残念ながらクルド人には民族国家を築いた経験がありません。山岳地帯に居住するため地域ごとの方言差も大きく、信仰面ではスンニ派もいればシーア派もいるという状況で、なかなかアイデンティティの構築ができずにいるのです。

3 モンゴル軍〜事前の情報収集と宣伝工作で向かうところに敵なし

モンゴルの名を聞いただけで泣く子も黙る。地鳴りのような馬蹄《ばてい》の響きを耳にしたなら、もう観念するしかない。モンゴル軍にはこのようなイメージがつきまとっており、半分は当たっていますが、半分は誇張です。

草原を疾駆する騎馬軍団と聞けば、勇壮な姿がイメージされると思いますが、実のところ、13世紀のモンゴルの馬は同時代の日本の馬と同じく、サラブレットより二まわりほど小柄で、体高も20から30センチメートルほど劣っていました。持久力はありましたが、走る速度もサラブレッドに大きく劣っていたため、群れをなして突撃したところで、必ずしも敵陣を崩せるとは限らなかったのです。

使用する武器にしても、刀剣・槍・弓矢と、当時の世界にあって特に変わったところはありません。それにも関わらず、**モンゴル軍が連勝街道を驀進《ばくしん》できたのは、類稀なる統制力と入念なる下工作の賜物**でした。

従来の遊牧国家は氏族や部族という血縁の枠に縛られていましたが、**チンギス・ハン**はそれらをできるだけ保ちながらも、麾下《きか》の遊牧民を千戸という単位に再編成しました。千戸とは一千家族ではなく、1000人の兵士または労働力を供出できる単位のことです。その長である千戸長には、チンギス・ハンが厚く信頼を寄せ、「友」を意味するノコルの職名を与えられた者88人がつきました。

こうしてでき上がった千戸集団は軍事単位であると同時に行政単位ともなり、純朴にして勇敢、命令と規律によく従ったことから、裏切り者を出すことがありませんでした。当然と思われるかもしれませんが、当時の世界を眺めれば、裏切りのない社会や国家など、少数派で、その中でもモンゴルの統制力はずば抜けており、この一事をもってしてから、モンゴル軍は他を圧する力を有していたのでした。

モンゴル軍は下工作と情報戦にも長《た》けていました。それを請け負ったのは主にムスリム商人で、アジアの東西交易に従事する彼らからすれば、関税のかからない巨大な統一市場の形勢が

草原の覇者チンギス・ハン

望ましく、チンギス・ハンであればその大業をやり遂げてくれる。そう信じたからこそ、危険を顧みず、情報の収集や切り崩し工作、モンゴルの力を誇大に宣伝する工作などに従事したのでした。

相手の恐怖心を煽るためには、素直に降伏した相手には寛大ながら、抵抗した者には容赦をしない姿勢を示す必要がありました。そこで、チンギス・ハンは後者の城を攻め落とした際、将兵は皆殺し、その他の者は全員奴隷として売り飛ばすという非情手段を一度ならず取ったことがあります。

その効果は絶大で、一戦も交えることなく降伏する城が相次ぎ、結果としてモンゴル軍は信じられないような速度で西への進撃を続けられたのでした。

同じやり方はチンギス・ハンの死後も踏襲されましたが、さすがにヨーロッパのキリスト教世界に入ると事情が変わります。アジア系ないしはムスリム商人というだけで警戒され、入城すら許されないところが多かったからです。

それでもモンゴル軍は東ヨーロッパ一帯を席捲しますが、そのあたりでさすがに限界にきていました。疲労の蓄積に加え、草原地帯の途切れたことが進軍をためらわせたのです。

13世紀の北半球は比較的温暖で、中央アジアからヨーロッパ南東部まで草原地帯が続いており、騎馬軍団にとってはまたとない環境でした。

けれども、草原地帯が途切れてしまっては馬を疾駆させるにも、馬の餌にも不自由をきたすのは必定。それもあって、西はドニエプル川から東は現在のキルギスにいたる草原地帯にまで退き、ロシア・東欧諸国は間接統治下とするに留めたのでした。

4 **火薬**～爆薬から鉄砲、大砲へと進化

弓矢刀槍の時代から大型化した重火器《じゅうかき》の時代へ。両者の間に**火薬の発明**が入るのですが、そこから重火器が生まれるまでには意外と長い歳月がかかったのでした。

火薬は中国四大発明のひとつに数えられ、北宋時代の発明といわれますが、道教の経典を集大成した『真元妙道要略』という書物の中に、西洋でいう錬金術の実験中に起きた爆発についての記述があることから、同書の成立した9世紀半ば、すなわち唐代後半とする説があります。一方で、8世紀後半に使用された方士策《ほうしさく》という武器を、後世の火箭《かせん》のごとき火薬を仕込んだ火器とし、火薬の発明をそこまでさかのぼらせる見方もあります。

北宋時代に著わされた『武経総要』という兵書には、火薬の製法や火器についての記述

もありますが、紹介されている火器はまだ少なく、しかも初歩的なものばかりで、いまだ実戦投入して勝敗を左右する段階ではなかったことがうかがえます。

火薬を使った兵器が実戦で威力を発揮するのは元王朝のときからでした。日本の九州に上陸した際に使用した「てつはう」は火縄式の爆弾だったようですが、南宋の堅城攻略に用いられた回回砲《かいかいほう》なる兵器は明らかに大砲でした。

これはフビライがイランから招いた二人の技師、イスマーイールとアラー・アッディーンにつくらせたもので、砲弾の炸裂しない投石器でしたが、それでも城壁の破壊に加え、相手の肝《きも》を潰《つぶ》すに十分な効果を発揮しました。

その後、**火薬と火器はイスラーム世界を通じてヨーロッパへと伝えられます**。1320年代前半、アラブ人ないしはドイツ人修道士の手によって炸裂式砲弾を発射する大砲が発明され、15世紀中頃には砲身内に螺旋《らせん》状の溝を施すことによって命中精度をあげる技術が開発されますが、製造費の高さや弾込《たまご》めに時間のかかることが災いして、普及するにはいたりませんでした。それらの諸問題が克服され、大砲の開発が急速に進展を見るには、18世紀初頭、スイス出身でフランス・ストラスブールの王立鋳造所長官を務めたジャン・マリッツによる大幅改良が成功するまで待たねばなりませんでした。

一方、小火器である火縄銃は15世紀半ばのスペインで発明されますが、16世紀半ばにはより大型のマスケット銃にとって代わられます。そのマスケット銃にしても、17世紀には火縄式から火打式に代わり、19世紀半ばには後装式のライフル銃にとって代わられるなど、兵器の世界はまさしく日進月歩でした。

火薬は戦争目的だけでなく、平和利用もされました。その点で一大画期となるのが**ダイナマイトの発明**で、ノーベル賞の創始者であるアルフォレッド・ノーベルがイギリスから特許を取得したのは1867年のことでした。これは彼一人の業績ではなく、高い起爆性を持つニトログリセリンはイタリア人化学者のソブレロによって1846年に発明されており、制御が不可能として実用化を断念していた研究をノーベルが引き継いだのでした。

ダイナマイトは土木の分野で欠かせないものとなり、ノーベルは巨万の富を築きますが、それが戦争利用されることは計算外でした。特許を有する者として、ダイナマイトの消費が増えることは歓迎でも、それに比例して死傷者が増えていることを思うと、心穏やかではいられませんでした。そこでノーベルは1901年にノーベル賞を設立した際、物理学、化学・生理学、医学、文学の4部門と並べて、平和という部門も設けたのでした。

5 百年戦争 ～フランス軍は同じ轍を踏み、二度も大敗する

中世の**英仏百年戦争**は何度かの休戦を間にはさみながら、1337年から1453年まで続けられました。**最終的にはフランスの勝利に終わり**、イギリスはドーバー海峡に臨む港湾都市カレーを除いてフランス本土からの完全撤退を余儀なくされるのですが、少なくとも1429年にフランス中部の町オルレアン攻略に失敗するまでは、イギリスが全戦線で有利に戦いを進めていました。

イギリスの優勢を支えていた要因はいろいろあり、その中の一つとして装備や戦い方の相違が挙げられます。

フランスは1346年のクレシーの戦いと1356年のポアティエの戦いの二度にわたり大敗北を喫します。その負け方がまた、まるでコピーをしたかのようにそっくりでした。

長弓兵隊を前衛、その後方に歩兵を並べ、騎兵には命令があるまで下馬して待機するよう命じたイギリス軍に対し、フランス軍は前衛にジェノヴァ人の傭兵からなる弩兵部隊、そのすぐ後方に貴族からなる騎兵部隊、一番後方に平民からなる歩兵部隊を配置。騎兵は

みな騎乗のままで、前衛が敵陣を後退させるか逆に敗走することになれば、いつでも突撃を敢行できるようしていたのです。

これだけを見れば、イギリス騎兵はだらけて、フランス騎兵は士気旺盛と思うかもしれません。しかし、当時の貴族は総重量30キロ前後の甲冑《かっちゅう》を身に着けており、当人の体重も合わせれば100キロ前後になります。馬にしてみれば堪《たま》ったものではなく、それだけの重量を背中に負わされてはじっとしているだけでも相当な負担となり、全力で走れる時間と距離も当然短くなります。つまり、**フランス側の軍馬は一番大事なときに力を発揮できない状態に置かれていた**のです。

それに対してイギリス側は、騎兵には迂回して敵側面を突かせる予定でいたので、余計な消耗を避けようと、騎兵全員を下馬させていたのでした。何よりも実質と戦いの勝敗を重視したのです。騎兵が貴族である点は同じでも、イギリスでは王ないし王の代理人が貴族に下馬を命じ、それを実行させるだけの力を持っていたのです。

総司令官の命令に全軍が従う。そんなイギリス軍とは対照的なのがフランス軍でした。突撃命令には従うが、下馬命令に従うことは断固として拒絶。貴族としてのプライドがそれを許さなかったからです。

馬に乗り、高いところから人びとを見下ろす。それを貴族の特権と信じて疑わない彼らにとって、平民と同じ高さに立つことなど、あってはならないことだったのです。

いざ戦いが始まってみれば、弓の打ち合いは射程距離の長いイギリス軍に分があり、ややあってジェノヴァ人は敗走を始めます。

冷静に考えれば、戦況不利なのは明らかでしたが、フランス貴族たちはやる気十分です。その空気に流され、フランス王が突撃命令を下すと、フランス軍騎兵部隊はいっせいに突撃を開始しました。

何の策もないままの真一文字の突撃こそ、イギリス軍の思うつぼでした。長弓兵隊は左右に展開して、真ん中を駆け抜けようとするフランス騎兵に対し矢の雨を浴びせます。

重い甲冑は伊達《だて》ではなく、一矢受けただけでは落馬する者も傷つく者もいませんでしたが、数十、数百となれば話は別です。落馬して地面に倒れ伏し、身動きできなくなった騎兵にイギリス軍の歩兵がとどめを刺す。そこで展開されたのは一方的な殺りくにほかなりませんでした。

そんな一方的な戦いが10年の歳月を経て再現されたのですから、不思議を通り越して、ただ呆れるしかありません。

6 オスマン帝国 〜ヨーロッパ全土を震撼させた常勝軍

1453年の**ビザンツ帝国**滅亡はヨーロッパ中に激震を走らせました。ローマ帝国の正統な後継国家として、最盛期には地中海岸の大半を支配下に収めたビザンツ帝国ですが、12世紀以降は衰退に歯止めがかからず、小アジアの大半を失ってからは、わずかに都であるコンスタンティノポリスとその周辺を保つのみの都市国家と化していました。ですから、滅亡は時間の問題だったのですが、いざ本当に滅亡したところで、西欧のカトリック諸国はようやく事の重大性を悟りました。**ビザンツという防波堤がなくなったいま、自分たちが直接オスマン帝国と相まみえる時代となった**のですから。

それにしても、かくもヨーロッパ世界を恐れさせたオスマン帝国の強さは、いったい何に拠《よ》っていたのでしょうか。

伝説によれば、オスマン国家の歴史は1299年前後、始祖オスマンが君侯として自立したことに始まります。その頃の武力はトルコ系ムスリムからなり、騎兵による集団戦法を得意としていました。

2代目のオルハンのときには君主直属の常備軍創設が試みられますが、うまくいきませんでした。続くムラト1世は1389年のコソヴォの戦いを勝利に導きながら、降伏を装ったセルビア貴族に刺殺されたことで知られていますが、彼も安定した軍事力確保のため、新たな制度の構築に着手しました。いわゆる奴隷軍人制度がそれです。

奴隷といっても南北アメリカに売られたそれとは異なり、イスラーム世界の奴隷はモノではなく、限定的ながら人間として扱われました。少年のうちに引き取って養育・訓練を施し、適正に従って軍事や行政を担わせたのです。その中で軍に配属された者は門・君主を意味する「カプ」と奴隷を意味する「クプ」をあわせて「カプクル」と呼ばれました。

当初は戦争捕虜から徴収していたのですが、14世紀末からはキリスト教徒臣民の子弟をイスラームに改宗させたうえで活用するようになり、最初に編成されたのが歩兵集団のイェニチェリでした。イェニチェリの成功を見て、のちには君主直属の騎兵、砲兵集団も組織されます。

歩兵とはいえ、イェニチェリはみな鉄砲を所持しており、その威力をまざまざと見せつけたのが、イランのサファヴィー朝を相手とした1514年のチャルディラーンの戦いでした。突進してくる騎馬隊を鉄砲で狙い撃ちするという構図は日本の長篠《ながしの》の合戦とそっくりで、サファヴィー朝ではこの敗北をきっかけに軍の大改革に着手することになります。**オスマン軍の快進撃を支《ささ》えたのは、その強さだけではなく、キリスト教諸国の足並みの乱れも大きな原因でした。**ビザンツ帝国とも終始敵対していたわけではなく、傭兵として働いたこともあります。バルカン諸侯の間でもオスマン軍に味方する者もあれば敵対する者もいて、右に挙げたコソヴォの戦いでも、オスマン軍の半分以上はキリスト教諸侯の軍からなっていました。

オスマン帝国の最盛期は10代目のスルタンで、1520年に即位したスレイマン1世のときといわれますが、彼が1529年に敢行したウィーン包囲はビザンツ帝国滅亡よりもはるかに強い衝撃を全ヨーロッパに与えました。当時のウィーンはカトリック世界の約3分の1を支配下に収めるハプスブルク帝国の都だったからです。

スレイマン率いるオスマン軍は総勢12万人以上。守るウィーン側は5万数千人。ウィーン包囲は9月27日になされ、降伏勧告が拒絶されたことにより、ただちに戦闘開始となりますが、運搬の都合上、大型の大砲を途中に置いてきたため、思うように攻城がはかどらず、その間に冬の寒さが堪え始めたことから、10月14日、スレイマンはあっさりと戦闘の継続をあきらめ、粛々と撤退していきました。このあたりの見極めの鋭さはさすがといわざるをえません。

それに対して、1689年の第二次ウィーン包囲時は、攻城に手間どる間に、ハプスブルク側の援軍が到着。オスマン軍は大敗を喫し、ハンガリーの大部分とスロベニア、クロアチアの一部を失う結果となりました。第一次ウィーン包囲のときと比べ、ヨーロッパ諸国の軍が大幅に増強されていたのに対し、オスマン側は変革に背を向けたことから、軍事力の逆転を許したのでした。

7 **第一次世界大戦** ～新兵器が続々と登場する

日本人にとっての大戦は第二次世界大戦を指しますが、ヨーロッパ人にとって大戦といえば、**第一次世界大戦**を指すのが普通です。**従来の戦争とまったく異なるうえに、それまでとは比較にならない甚大な被害をもたらした**からでした。

第一次世界大戦は、ドイツの**ビスマルク**の失脚時から早晩避けがたく、**イギリス・フランス・ロシア**からなる陣営と**ドイツ・オーストリア＝ハンガリー**、**オスマン**の三大帝国からなる陣営との間で行なわれました。ドイツは東西二正面作戦を強いられたわけです。

そこで、ドイツはシュリーフェン計画という作戦を立てます。ロシア軍は集結に手間どるはずとの予測のもと、8個軍団のうち7個軍団を西部戦線にまわし、ベルギー領内を通過して6週間でフランスをねじ伏せる。それから全軍を東部戦線にまわし、ロシアを叩くという作戦でした。

ところが、**ベルギー**がドイツ軍の通過要請を拒否したこと、ロシア軍の集結が思いのほか速く完了したこと、補給路が長くなりすぎたことなどが重なり、戦争は長期戦、それも塹壕《ざんごう》戦、世界史上稀な総力戦へと発展していきます。

従来の戦争が軍人同士の戦いで完結していたのに対し、**第一次世界大戦では経済、文化、思想、宣伝など、あらゆる部門を戦争目的のために再編し、国民生活を統制して国家の総力が戦争目的に集中されたのです。**

塹壕戦はアメリカの南北戦争に始まるものですが、第一次世界大戦ではそれが大規模化して、最前線が一日に数センチしか動かない状況が続きます。塹壕内は不衛生かつ不愉快極まりなく、溜まった雨水のせいで水虫になる者、冬期の寒さで凍傷になる者、シラミやネズミに悩まされる者もいれば、絶えざる恐怖から精神に異常をきたす者も続出しました。

互いに塹壕に籠《こも》っているのですから、迂闊《うかつ》に跳び出そうものなら、たちまち射殺されてしまいます。そのため、塹壕戦に適した兵器の開発が進み、戦車や爆撃機、手榴弾、改良型機関銃、毒ガス、火炎放射器など、第一次世界大戦中に多くの**新兵器**が登場しました。身を守る装備として鉄かぶとが普及したのもこのときです。

最前線はほとんど動かないのに死傷者だけは増えていく。敗戦国となったドイツの戦死者数は293万7000人と、全軍の約15パーセントにも及び、戦勝国となりながら国土が主戦場となったフランスでも動員した800万人の男子のうち140万人が戦死。6人に1人が戦死した計算で、そのうち約7万5000人はベトナムやセネガルなどの植民地兵でした。

植民地兵の動員はイギリスもやっており、独立を承認するかのような言辞に踊らされ、インドから中東やヨーロッパ戦線に投入された者だけで110万人にも及びました。開戦前に25万人だったイギリス陸軍の兵士数は戦時全体で570万人にもふくれ上がりましたが、それでも足りず、オーストラリアやニュージーランドなど、世界に散らばる全植民地に可能な限り徴兵の網の目を広げたのです。

イギリス本土である大ブリテン島では、他国とは異なる状況も見られました。イギリス貴族には**ノブレス・オブリージュ**（高貴なる義務）という概念があり、身分の高い者は進んで危険な役目を負わなければならないとされていたのです。その結果、イギリス軍では所得が高いほど死亡率が高いという、他国では決して見られない状況が生じ、大戦終結までに貴族やその跡取りの5分の1が死亡。すなわち、家系が断絶する事態となったのでした。戦死者の41パーセントが農民であったフランスとは大きな違いです。

当然ながら、孤児と未亡人も多く生まれ、男女の人口比もひどくアンバランスになるのですが、第一次世界大戦では人的被害だけではなく、物的被害も甚大でした。主戦場となったフランス北部と北東部は同国有数の穀倉地帯・工業地帯であったことから、1919年の小麦の生産高は開戦前の58パーセントにすぎず、大戦を通じてフランスが被った損失の総額は1913年の国民総所得の15ヵ月分相当にものぼりました。西ヨーロッパに限れば、第一次世界大戦は誰一人得をした者のいない戦争だったのです。

8 核兵器 ～戦争の抑止力になりながら、一度でも使われたら大惨事に

すべての始まりは1938年、ドイツの化学者オットー・ハーンとフリッツ・シュトラスマンが核分裂反応を発見したことにありました。翌年には核分裂連鎖反応が莫大なエネ

ルギーを生み出し、強大な兵器となりうることが判明しました。

このことはドイツ出身の理論物理学者**アインシュタイン**からアメリカ大統領**フランクリン・ローズベルト**に伝えられ、アメリカ政府は**ナチス・ドイツ**に先を越されては取り返しのつかないことになるとして、イギリスと情報交換をしながらひそかに計画を練り、1942年8月にはマンハッタン管区の暗号名を冠した部門を設置。**原子爆弾（原爆）**の本格的な開発に着手したのでした。

原爆の開発はドイツと日本でも進められている。アメリカ政府はそう信じて、まだベルギーを舞台に激戦が展開されている最中、特殊部隊に命じて、ベルギーにある研究施設を急襲させています。ところが、そこでわかったのはドイツの核開発が予算と時間との都合により、初歩的な段階で放棄されていたことでした。それでもアメリカは核開発をやめず、1945年7月16日には最初の爆発実験に成功します。

そして8月6日には**広島**、同じく9日には**長崎**に原爆が投下されたわけですが、日本がポツダム宣言を受け入れてのち、日本本土に進駐したアメリカ軍はそこで拍子抜けする情報に接します。限りある予算でやりくりするため、一年で成果の出せない計画は中止という軍部の方針により、ドイツから潜水艦を使って運ばれたプルトニウムをもとにした日本

広島（左）と長崎に投下された原爆のキノコ雲

の核開発は早々に打ち切られていたのでした。

第二次世界大戦後の１９５２年11月、アメリカは水素爆弾（水爆）の爆破実験にも成功しますが、これに対抗すべくソ連でも時期を前後して原爆と水爆の爆破実験に成功していました。

核兵器のあまりの破壊力に恐怖した米英ソの各国は１９６３年８月、部分的核兵器実験禁止条約を締結しますが、後発の核保有国となったフランスと中国はこの条約への加盟を拒みました。

そこで１９６８年に改めて、１９６７年１月１日以前に核実験を行なった**英米ソ仏中**の五大国を核兵器国として限定し、その他を非核兵器国として核兵器を保有させないことを狙いとした**核兵器不拡散条約（核拡散防止条約）**を締結します。

しかし、世界の軍事大国には右の条約は不平等であるとして、加盟を拒んでいるところが少なくありません。**インド**は1974年5月、平和利用と称する地下核実験を実施。インドを敵視する**パキスタン**も1998年に実験を行ない、核保有国となります。公式声明こそないものの、中東の**イスラエル**が核兵器保有国であるのは公然の事実で、フランスと中国が加盟したのに対し、インド・パキスタン・イスラエルの3ヵ国は未加盟のままです。

これらのうち、国際社会がもっとも懸念しているのはパキスタンで、イスラーム主義への傾倒を強める同国からイスラーム過激派の手に大量破壊兵器が渡り、安易に使用されては世界の秩序は滅茶苦茶になる。それを避けるためにも、パキスタンには圧力をかけながらも、なるべく刺激を与えないよう心がけているのです。

東西冷戦たけなわの時期には、しきりと**核抑止論**が叫ばれました。一方が核兵器を使用すれば相手も報復をするから、結果として共倒れになる。それを回避するには**核兵器が使用されるような状況を作り出さないに限る**というので、戦争や挑発行為が抑えられるという論理ですが、それは核兵器国同士の間でしか通用しない論理で、現実として冷戦の終結後、世界各地で地域紛争が絶えない状況が続いています。

9 湾岸戦争 〜科学技術の優劣が勝敗を決する

平成生まれの読者にとっては、冷戦の終結や湾岸戦争はベトナム戦争や太平洋戦争とひっくるめて、ひと昔前の出来事として扱われるのでしょうか。それはそれで仕方のないことですが、現在の国際問題に直結する出来事について あまりに無知なのは、現代人として恥ずかしいことです。最低限の事実関係だけでも把握しておく必要があります。

湾岸戦争が始まったのは1991年1月16日から翌日にかけての深夜のことで、一方の当事者は**イラク**、もう一方の当事者は**アメリカを中心とする多国籍軍**でした。

多国籍軍は軍事関連施設への空爆を一カ月以上にもわたり続けたうえで、2月24日から地上戦を開始。イラク軍を圧倒して同月28日には停戦を宣言します。戦争目的がイラクにより占領されたクウェートの解放にあったため、イラク領内への地上軍の侵攻は行ないませんでした。

ここで大事なのは二つの点です。なぜ、**イラクはクウェートに侵攻し、併合の宣言までしたのか。なぜ、多国籍軍の結成が可能だったのか**という点です。前者について説明するには、イラクの建国時から話を始めなければなりません。

第一次世界大戦が始まるまで、西アジア一帯はオスマン帝国の一部でありながら、イギリスの半植民地といってよい状況に置かれていました。大戦終結後の１９２１年、現在のイラクとクウェート、ヨルダン、イスラエル、パレスチナ自治区はイギリスの委任統治下に置かれ、近い将来の独立を約束されますが、イギリスは既得権益を完全に手放す気はなく、クウェートを実効支配するサバーフ家と早くに秘密協定を結び、事実上の保護国としていました。そのため１９３２年、イラク王国が建国された際もクウェートはイギリスの保護国のままで、１９６１年には正式に独立国となります。

それより少し前の１９５８年、イラクは共和制へ移行しますが、クウェートを自国の一部とする主張は変えませんでした。１９６３年にクウェートの国際連合への加盟が認められると、イラクはようやくクウェートの独立を承認しますが、それで完全にあきらめたわけではありませんでした。

１９７９年に成立した**サダム・フセイン**政権の下、イラクは１９８０年９月から１９８８年８月までイランとの戦争を続けます。アメリカや湾岸諸国から多額の支援を受けていたとはいえ、９年にも及ぶ戦争が経済に打撃を与えないはずはなく、サダム・フセインは経済的困窮から手っ取り早く脱出する手段として、石油価格の値上げを目論みます。ところが、サウジアラビア以下、OPEC加盟国の大半が承認するなか、クウェートとアラブ首長国連邦だけが反対し、低価格増産路線の維持を主張してやみませんでした。

これにより、イラクとクウェートの関係はいっそう悪化しますが、実のところ両国には他にも懸案事項がありました。クウェートは北と西でイラクと、南ではサウジアラビアと境を接し、東はペルシア湾（アラビア湾）に面する小国ですが、東北海上に浮かぶブビヤン島とワルド島も領有していました。イラクが石油を輸出する場合、イランとの国境を流れるシャトル＝アラブ河を利用するか、航行料を払って、右の二島間の狭い航路を行くしかなかったのです。後者の自由航行が可能になればどれだけ助かるかとの思いは、サダム・フセインだけでなく、歴代イラク政権が等しく願ったことでした。

こうしたしがらみがあるため、イラクのクウェートに対する憎悪の念はさらに募り、1990年7月には、クウェートがイラク南部のルメイラ油田を盗掘しているとの言いがかりをつけ、クウェートとの国境付近にイラク軍を集結させます。

さすがに危ないと感じたか、クウェートはようやく石油価格の値上げに同意しますが、時すでに遅く、同年8月2日未明、イラク軍はクウェートへの侵攻を開始。半日とかからずに全土を制圧し、同月8日にはイラクへの併合を宣言したのでした。

これに対する国連安保理の動きは速く、同月3日には即時撤退の要求、同じく6日にはイラクへの全面禁輸をも決議。11月29日には、翌年1月15日までに撤退しない場合にはクウェート解放のために武力の行使を容認するとの決議も採択されたのです。

こうまでスムーズに事が運んだ理由としては、東西冷戦が西側陣営の勝利に終わり、一方の雄であった**ソ連の力が相対的に弱まっていたこと**が挙げられます。国内の経済再建を第一とする都合上、国際的な協調路線を取らざるをえず、常任理事国の特権である拒否権を行使するどころか、**イラクのために何一つ発言することがなかった**のです。かくしてイラク軍のクウェート侵攻に始まった湾岸危機は湾岸戦争へと転じ、「砂漠の嵐作戦」と命名された作戦行動によって、サダム・フセインの野望は打ち砕かれたのでした。

第6章

「気候」を押さえれば世界史がわかる

1 最終氷期の終了 ～人類の定住化と文明誕生の条件が整う
2 紀元前の気候変動 ～インダス文明を衰退させたのは？
3 2世紀の自然災害 ～東アジアでは後漢、ヨーロッパではローマ帝国を揺るがす
4 9世紀の異常気象 ～北アジアでは寒冷化、中米ではマヤ文明の終焉
5 14世紀の異常気象 ～中国では反乱が頻発、ヨーロッパでは黒死病が流行
6 火山の噴火 ～フランス革命の直接の原因はアイスランドの火山噴火だった？
7 大寒波 ～「冬将軍」がナポレオンの世界制覇の野望を打ち砕く
8 地球温暖化 ～人類に迫られる、制御すべきか自然に任すべきかの選択

1 最終氷期の終了 ～人類の定住化と文明誕生の条件が整う

ここ50万年に限ってみれば、地球は10万年ごとに氷期と間氷期を繰り返しています。間氷期とは、氷期と氷期の間に挟まれた温暖な時期のことで、現在は間氷期にあたります。

一番近い氷期はおよそ7万年前から1万年前まで続き、「最終氷期」と呼ばれます。もう二度と氷期が訪れないということではなく、あくまで人類史の観点からの用語です。

その人類史のうえでもっとも温暖だったのは8000年前から6000年前のことで、それは人類が定住農耕生活を始めた時期と一致します。**狩猟採集生活でも日々の食事に不自由はなかったでしょうが、自然災害に備えての備蓄という点では、やはり農耕生活に分《ぶ》があったことは否《いな》めません。**

狩猟採集生活から定住農耕生活への移行期、人類は何を食べていたのか。それは化石や人類が残した壁画などからうかがうことができます。

たとえば、アルジェリア南東部のタッシル・ナジェールは現在でこそ熱砂に覆われていますが、8000年前から6000年前には水と緑に恵まれ、ゾウやカバ、サイ、キリンなどが生息していました。現在ではサバンナにしか生息しない動物が闊歩《かっぽ》していたのですから、餌《えさ》となる草木果実が豊富にあったことは疑いありません。

時代が下って、6000年前から3500年前の壁画にはウシ、3500年前から2200年前のそれにはウマ、2200年前以降のそれにはラクダが描かれていることから、徐々に乾燥化の進んでいることがわかります。

人類による定住農耕生活の始まりは、偶然の産物と思われます。野生の穀物が定期的に実をならし、しかも果物と違い、長期保存のきくことがわかって、人工的な栽培をするために定住を決めたのでしょう。

人びとは定期的な収穫を神の恩寵《おんちょう》ととらえ、その起源を語る神話を創り出しますが、それには大きく二つのパターンがあります。神話学の世界で「ハイヌヴェレ型」、「プロメテウス型」と呼ばれるのがそれで、前者は神かそれに類する存在の死体から食べ物が発生したとするもの、後者は人間のために神が天界から食べ物のもとを盗んできてくれたとするものです。

前者の例として、韓国済州島の「門前ボンプリ」という話を取り上げましょう。

それによれば、実母に化けた継母《ままはは》が七人兄弟の末っ子に見破られたため、便所に逃げて首つり自殺をします。するとその死体の頭からブタの肥料鉢が生じ、髪の毛は馬尾草、耳はサザエ、爪は巻貝、口は魚、陰部はアワビ、肛門はイソギンチャク、肝はナマコ、大小の腸はヘビ、足は踏み石、肉は蚊とノミになったということです。

一方、後者の例としてはギリシア神話にあるデメテルとペルセポネの話が挙げられます。地母神であるデメテルは最高神ゼウスの愛人となり、娘ペルセポネをもうけます。成長したペルセポネが冥界《めいかい》の神ハデスに連れ去られると、デメテルはゼウスに訴え、ペルセポネを取り戻すのですが、ハデスの小細工により、ペルセポネは冥界のものしか口にできなくなっていました。デメテルからの再度の訴えに、ゼウスは頭を悩ませます。自分は最高神とはいえ、ハデスは実の弟でした。弟の領分である冥界のことに口をさしはさむのは憚られたからです。そのあげく、一年の3分の1を冥界で、3分の2を地上で暮らすという妥協案でハデスの了解を得て事件は解決となり、これを受けてデメテルは地上に麦の栽培を広めたというのが、この話の骨子です。

農耕の起源は古代人には神秘の領域で、神の関与を抜きにしては説明できなかったのでしょう。

2 紀元前の気候変動 〜インダス文明を衰退させたのは?

南アジア北西部に栄えた**インダス文明**は、**エジプト文明**や**メソポタミア文明**に比べて地味に思われがちですが、実は文明圏の広さに限れば、右の二大文明を凌駕していました(109ページの図参照)。インダス川から300キロ以上も離れたインダス川流域とは呼べないところでも、同時代の同質の都市遺跡が確認されているのです。

インダス文明が誕生したのは前2300年頃で、前1800年頃から衰退を始め、前1500年頃までに姿を消しました。

インダス文明の滅亡について、少し前まではアーリア人の侵入によるとされていましたが、放射性炭素による年代測定技術の進歩に伴い、その説を疑問視する声が強まりました。

それでは実際の滅亡原因は何かというと、これまでのところ、大洪水説や地殻の隆起による大氾濫説、主要河川の流路変更説など、さまざまな説が挙げられていますが、どれも決定打に欠けています。

そんななか、比較的有力視されているのが、**気候の乾燥化に伴う塩害が農業生産を減退**

させ、**都市文明を成り立たなくさせた**とする説です。塩害とは地中の塩分が増加することで、これに見舞われれば、土地の肥沃度は著しく損なわれ、当時の技術では自然回復に委ねる以外に方法はなかったと思われます。

つまり、この説は前2300年頃には湿潤であったインダス川流域が周期的な低気圧の移動により乾燥化したとするもので、事実、花粉の分析という古生態学の研究から、同時期の気候変動については確認がされています。

ただし、これでもまだ説明のつかない部分があります。インダス文明は都市文明であり、各都市にはそれぞれ相当数の住民がいたはず。彼らはいったいどこへ移住したのか。いまだ解読されていないインダス文字がなぜ伝承されなかったのかといったことなどです。現在のパキスタンは政情不安のため、新規の発掘調査は難しい状況にあり、それが研究の深化の大きな妨げともなっています。

時代は少し下りますが、前800年から前700年頃、南米アンデス山脈の北海岸から中央海岸の巨大な祭祀センターがいっせいに放棄され、その周辺にいたはずの住民の痕跡までもが完全に失われています。住居跡はおろか耕作地、生活用品にいたるまでです。

この文明の消滅に関するもっとも有力な説は**エル・ニーニョ現象**です。海面温度の上昇が大規模な豪雨と洪水、さらには山崩れを引き起こし、すべてを押し流したうえに地中深くに埋没させてしまったとする説で、確証には欠けるものの、有力な反論も出されていないのが現状です。

インダス文明と右の**アンデス文明**のちょうど間になりますが、中国で**殷王朝**が滅亡したのは前1023年頃のことです。前漢の司馬遷が著した『**史記**』では滅亡の原因を悪政と決めつけていますが、同書は物語臭が強すぎて、古い時代の話ほど信用の度が低く、文字通りに受け取るわけにはいきません。

あくまで仮説ですが、現在の河南省に都を置いた殷に対し、殷を倒した**周王朝**は現在の陝西《せんせい》省に都を置いています。何度も遷都をしながら、黄河流域から離れようとしなかった殷に対し、周が都に定めたのは黄河支流の流域です。単に本来の根拠地に近いところを選んだ可能性もありますが、殷がたび重なる黄河の氾濫で衰退していくのを見て、それを反面教師にした可能性も捨てきれません。

黄河は恵みの大河であると同時に、大きな脅威でもありました。長雨が続けば容易に氾濫を起こし、ちょっとやそっとの堤防など、たやすく突き破る威力を秘めていたのです。

3 2世紀の自然災害 ～東アジアでは後漢、ヨーロッパではローマ帝国を揺るがす

日本でも人気の高い『三国志』の物語は黄巾《こうきん》の乱から語れることが多いです。黄巾の乱とは、太平道と呼ばれた教団が世直しを掲げて武装蜂起《ほうき》したもので、一時は後漢を心底脅《おびや》かすほどの猛威を振るいました。

反乱がそこまで大規模化した背景には、相次ぐ**自然災害**と土地財産を失って流民化した窮乏農民の増加がありました。

特別深刻だったものに限ってみても、紀元109年には都および全国41の郡と国で大雨と雹《ひょう》が降り、山西省と甘粛《かんしゅく》省では大飢饉に見舞われ、人肉食が横行。147年2月には湖北省と安徽《あんき》省で多数の餓死者が出て、同年8月には都が洪水の害に見舞われたことに加えて大地震が起こり、多数の死傷者が出ました。155年には都周辺と河北省が飢饉に見舞われ、これまた人肉食が横行。166年3月に都周辺と安徽省を見舞った飢饉では10人に4人か5人が餓死して、一家全滅というケースも珍しくありませんでした。

これらの他にも旱魃《かんばつ》や蝗害《こうがい》などが毎年どこかを襲うなど、自然災害が常態化していたの

ですが、内訌《ないこう》（内紛）に明け暮れる後漢の朝廷にはもはや救済措置を施す力もやる気もなく、困窮した農民たちは豪農に奴隷のごとく仕《つか》えるか、施しを求めてさまようか、財力のある宗教団体にすがるしかありませんでした。

　このような悲惨な状況下、急速に信者を増やしていったのが、河北省の太平道と陝西省《せんせい》南部の五斗米道《ごとべどう》だったのです。朝廷の中には、都近くで勢力を急拡大させる太平道を危険視して、弾圧を上奏する者もいましたが、朝廷は確実な証拠があがるまで強硬手段に出ることなく、挙兵計画を密告する者が出てようやく検挙に乗り出したのでした。太平道の側ではそれで予定を繰り上げ、挙兵に踏み切ったのです。朝廷が政争に明け暮れることなく、民を第一とする政策をとっていれば、避けられた反乱だったわけです。

深刻な飢饉から起こった黄巾の乱を鎮める、のちの三国志の主役たち

　後漢で自然災害が頻発していたのと同時期、現在のアフガニスタンにあったクシャーナ朝では、ほぼ10年間にわたって天然痘《てんねんとう》が猛威を振るいました。天

然痘は最終氷期の終了とともに出現した感染症で、疱瘡《ほうそう》とも呼ばれます。接触せずとも飛沫だけでも感染することから伝染力が非常に強く、18世紀末にイギリスの**ジェンナー**によって種痘法が発見されるまで、死亡率の高さで恐れられました。

クシャーナ朝で大流行した天然痘はイランを中心に栄えたアルサケス朝（パルティア王国）にも広まり、折悪しくパルティアとローマ間がアルメニア王国の宗主権をめぐり激戦を繰り広げていたことから、**ローマ帝国**へも伝えられ、総人口の4分の1が失われるという甚大な被害をもたらしたのでした。

ローマ帝国に降りかかる災難はこれで終わらず、１６６年の末か翌年初めには、マルコマンニ族を中心としたゲルマン系諸民族が帝国の北辺への侵攻を開始します。マルコマンニ戦争と呼ばれるこの戦いは１８０年まで続きますが、これがローマ帝国の弱体化を見透《みす》かしての行為であることは間違いないにしても、隣国が弱体化したからといって必ず戦争が始まるとは限りません。必要に迫られての侵攻と見るべきでしょう。

のちの３７５年に始まるゲルマン民族の大移動はフン族の圧迫から逃れるために始められたものですが、マルコマンニ戦争の開始時にはそのような状況は見当たりません。となれば、食糧の不足から略奪の必要に迫られた可能性が高く、**食糧不足**の原因も何らかの自然災害による可能性が高いと考えられます。

4 9世紀の異常気象 ～北アジアでは寒冷化、中米ではマヤ文明の終焉

異常気象の被害が甚大なのは農耕地帯だけとは限りません。草原や密林地帯にも深刻な被害を及ぼすのです。

中国大陸で唐が栄えていた頃、北アジアではトルコ系民族の突厥《とっけつ》が覇権を握っていました。しかし、744年には同じくトルコ系のウイグルにとって代わられます。

ウイグルは安史の乱に苦しむ唐に援軍をさし向けるなど、勢力の拡大を続け、8世紀後半には、東アジアの大陸部にウイグルと唐、吐蕃（チベット）の三大国が鼎立《ていりつ》する状況さえ生まれました。

そんなウイグルも自然災害にはお手上げでした。連年の雪害に内紛が重なり、誰の目にも衰退が明らかになった段階で、同じくトルコ系のキルギスの挑戦を受けます。ウイグルはこれを受けて立つことができず、840年頃には王国が崩壊。北アジアを後にすることを余儀なくされたのです。

同じ時期、中米のグアテマラ高地からユカタン半島にかけて栄えた**マヤ文明**も急速に衰退します。マヤ文明が栄えた期間は非常に長く、便宜上、先古典期、古典期、後古典期と分類されますが、９世紀に衰退に見舞われたのは古典期後期の文明でした。

宗教上のセンターとして機能していた都市が次々に放棄され、ユカタン半島北部を残すのみとなるのですが、その原因については、農民反乱説、内紛説、外敵侵入説、通商網破壊説、疫病説などと並んで、気候変動説と農業生産低下説が唱えられています。

衰退の原因はどれか一つとは限らず、複合的である可能性もあり、大規模な破壊の痕跡が見られないことからすれば、**気候変動を軸とした複合的要因がもっとも理に適《かな》っています**。８世紀の後半から40年間緩やかな乾燥化が進行したのに続いて、８１０年頃を境に事態は急転直下。９年間に６回もの旱魃に見舞われます。その後は比較的穏やかな時期が42年間続いたのち、３年間の降雨の少ない時期をはさんで、やや状況の改善された時期が47年間続くのですが、９１０年頃から６年間に３回も旱魃に見舞われるに及び、古典期マヤ文明は終焉を迎えたのでした。

マヤ文明の遺跡ではチャークという雨神の像が多く、これなどは農耕にも普段の生活にも雨水に頼る部分が多かったことの現れでしょう。

9世紀の異常気象が北半球全体に及ぶものであれば、同時期のヨーロッパで起きていた出来事も無関係でなかった可能性があります。その出来事とは、**ヴァイキングによる略奪行の活発化**です。

ヴァイキングとは北欧の人びとを指すヴィーキングンの英語読みで、その語源については、「入り江」を意味するヴィークと「子孫・人」を意味するイングの合成語であるとも、「退く」、「動く」、「向きを変える」を意味する動詞ヴィーキャに由来するともいわれています。

記録に残る限り、ヴァイキングによる最初の襲撃は793年のことで、場所はイングランド北東部に浮かぶリンデスファーン島の修道院でした。修道院には富裕な信者から寄進された金銀財宝が多く眠っていながら、これといった防御策がとられていなかったことから、かっこうの餌食《えじき》だったのです。

ヴァイキングによるヨーロッパ各地への襲撃は11世紀まで続きますが、一番のピークは9世紀で、885年から翌年にかけてはパリが包囲される事態まで生じます。辛うじて陥落を免れたものの、その周辺地域は徹底的に蹂躙され、フランスの前身にあたる西フランク王国の面子は丸つぶれでした。

ヴァイキングによる襲撃が活発化した背景としては、**人口過多と食料不足が考えられます。**

この二つは相関関係にあります。人口爆発が起きたのか、それとも食料の絶対的な不足が先なのか。後者だとすれば、その原因として一番に考えられるのは異常気象です。作物の不作や漁獲高、猟の獲物の激減が人びとを略奪行に走らせたのではないか。それがすべてではないにせよ、一因であることは十分ありえましょう。

5 14世紀の異常気象 ～中国では反乱が頻発、ヨーロッパでは黒死病が流行

ヨーロッパでは1314年から3年連続で、雨の多い夏と寒くて湿った秋が繰り返されました。作物の収穫量が激減したうえに、塩田では湿気のために水の蒸発が進まず、塩不足も生じます。冷害が大飢饉へとつながったわけです。

飢えに瀕した人びとは人肉に手を出すか、長距離を厭わず比較的被害の少ない地域に移動するしか生き延びる術を知らず、幼児の世話は無理として、教会や富裕な家の戸口に置き去りにする者が後を絶ちませんでした。

異常気象がすんだと思われた頃、今度はそれ以上に恐ろしい**ペスト**（黒死病）がヨーロッパ全土を襲います。

ペストの世界的流行は通算で3回を数えます。一度目は現在のウガンダやケニアあたりに始まり、541年から767年まで断続的に繰り返され、二度目は14世紀にヨーロッパを恐怖のどん底に陥れますが、これは南ロシアのクリミア半島から始まり、イタリアのジェノヴァ商人により海路シチリアにもたらされたものでした。

異常気象に追い打ちをかけたペストの流行

シチリアへのペストの上陸は1347年のこと。それから爆発的な広がりを見せ、同年末までにシチリア島の住民のうち3分の1の命を奪い、イタリア半島のジェノヴァとピサでは人口が3割から4割も減少。ヴェネツィアやフィレンツェ、シエナでの死亡率はそれをも上まわりました。

フランスへの伝染は地中海に面するマルセイユに始まり、住民の5分の4が死亡したと伝えられます。それから数年の間にフランス全土に広まり、若干の地域差を伴いながらも、フランス全体で総人口の約6割が失われる事態となります。

中世ヨーロッパの医学ではペストの原因などわかるはずもなく、ユダヤ人による井戸への毒物投入説や神による懲罰説など、さまざまな説が飛び交いました。ユダヤ人陰謀説の行き着くところはユダヤ人に対する迫害で、神罰説の行き着いたところは、自分の身体を鞭《むち》打つ苦行団の登場でした。群衆の正気を失わせ、常軌を逸した行動に走らせるほど、ペストの猛威は留まるところを知らなかったのです。

そして、三度目のペストは中国の雲南省に始まり、1860年代から1950年代まで続きました。

中国大陸ではそれ以前の14世紀に連年の異常気象に見舞われています。最初の大飢饉に見舞われたのは1328年のことで、熾烈《しれつ》な権力闘争に明け暮れる元朝政府は何ら有効な対策を講じませんでした。

翌年4月には陝西《せんせい》省一帯で飢民123万4000人と流民数十万人が発生。穀倉地帯であるはずの安徽省から江蘇《こうそ》省一帯でも飢民60余万戸、大都（現在の北京市）から河南省一帯でもそれが67万6000余戸発生しています。

5月には軍人の中からも餓死する者が現われ、6月には浙江省にも被害が広がり、7月には非常に広い範囲でイナゴの大発生による被害が報告されます。

全国津々浦々が疲弊するなか、1333年6月には大雨が降り、皇帝のお膝元である大都とその周辺が水浸しとなり、新たに40万人もの飢民が発生します。同月には黄河の決壊もあり、陝西・甘粛・河北・河南の各省が水害に見舞われますが、それとは対照的に江南の江蘇省と浙江《せっこう》省では雨が降らず、稲の発育が絶望的となりました。

座して餓死するのを待つか、人肉を食って飢えをしのぐか、施しを求めて各地をさすらうか。人びとに残され選択はこれくらいしかありませんでしたが、三つ目の行動を選んだ中に**朱元璋《しゅげんしょう》**という少年がおりました。のちに明《みん》王朝を創設する人物ですが、彼は口減らしのため寺へ預けられますが、そこでも食糧が尽きたため、各自托鉢で生をつなぐよう強いられていたのです。

しかし、やがて第4の選択肢に気づく者たちが現われます。武力を行使して備蓄のあるところから食糧を奪いながら、元王朝をも倒し、新しい世の中を築こうとする人びとです。1344年5月、大都を含む華北一帯で20日以上も大雨が降り続き、黄河が氾濫して大きな被害が出るに及んで、**世直しの機運は急激に高まりを見せます**。かくして、1351年5月に勃発したのが白蓮教という仏教系宗教団体による**紅巾《こうきん》の乱**で、これをきっかけに黄河以南は群雄割拠の状態に陥るのでした。

6 **火山の噴火**～フランス革命の直接の原因はアイスランドの火山噴火だった？

1993年の日本は梅雨が明けないまま秋を迎えるという異常な体験をしました。史上極めて稀な冷夏に見舞われたのです。終戦直後ならまだしも、高度経済成長期が始まってから初めて経験するコメ不足で、コメなしでは生きていけない中高年層は動揺をきたし、家電量販店でコメが販売されたときには、長蛇の列ができたほどです。

この冷夏の原因は、2年前のフィリピンで起きた**ピナツボ火山の噴火**にあるといわれています。火山の噴火が及ぼす影響に国境は関係なく、遠隔の地に甚大な被害を及ぼすのは噴火直後ではなく、数年後なのです。火砕流《かさいりゅう》や溶岩の被害を免れたからといって安心してはいられず、より甚大な被害は数年先に訪れるのでした。

火山の噴火が歴史を動かした例としては、1783年6月から翌年2月まで続いたアイスランドの**ラキ火山の噴火**と1789年7月に始まる**フランス革命**が挙げられます。

フランスではラキ火山の噴火以前から不作が続き、1775年の春にはパリをはじめとする主だった都市で食糧暴動が起きています。もっとも、これは困窮した群衆が無差別の略奪に走ったのではなく、粉屋やパン屋を襲うところまでは同じながら、自分たちで価格を決め、代金を支払ったうえで立ち去るという穏当なものでした。狙われたのは買い占めや隠匿を疑われた店に限られたのです。

けれども、ラキ火山噴火後の状況は大きく変わり、憲法制定国民議会の成立後も一向に改善の兆しの見られない状況に人びとの苛立ちは募り、1783年10月4日からパリのパレ・ロワイヤルに女性たちが集まり、「ヴェルサイユの王様に、パンを頼みに行こうじゃないの」と気勢をあげ始めます。パリのパレ・ロワイヤルとはオルレアン公所有の貸し物件で、この頃にはレストランやカフェ、商店などが軒《のき》を連ねるパリでも有数の繁華街となっていました。

気勢をあげた翌日、女性たちは思い思いに武装してヴェルサイユに向かいます。道々、合流する女性も少なからず、ヴェルサイユに到着する頃には、7000人もの人数に及んでいました。合流を希望する男性も多くいたのですが、みな撥《は》ね退《の》けられました。彼女らの行動が政治的なものではなく、純粋に飢えに由来するものだからこそ、交渉や駆け引きに終始し、いたずらに時間ばかりかけてきた男性に不信感を募らせ、共闘を拒ませたのかもしれません。

彼女たちの思惑はどうあれ、議会としても事の成り行きを座視することはできず、国民衛兵に出動を命じます。これに一般市民が合わさって、計約2万人の男性たちがヴェルサイユに急行するのですが、そのときすでに女性たちは宮殿内になだれ込み、口々に窮状を訴えていました。議会もこれに乗じて、**封建制の廃止**と**人権宣言の裁可**を迫ります。

国王ルイ16世は避難と軍による鎮圧も考えますが、国民衛兵が近づいていると知るや折れて、議会に対しては封建制の廃止と人権宣言の承認を、女性たちには**小麦の放出**を約束したのでした。

これで一件落着かと思いきや、そうは問屋が卸せませんでした。翌日、国民衛兵と近衛兵との小競り合いがあったのをきっかけに、再び群衆が宮殿内になだれ込みます。事態を収拾しようとルイ16世がバルコニーに姿を現したところ、どこからともなく、「王をパリに」の声があがりました。

かくして、国王一家はパリへ移送され、軟禁状態に置かれるのですが、**すべての発端は小麦の不足であり、それを深刻化させたのはラキ火山の噴火でした**。女性たちをも街頭に引き出すには政治的な理由だけでは足りず、目前に迫る餓死の恐怖が不可欠だったのです。

7 大寒波～「冬将軍」がナポレオンの世界制覇の野望を打ち砕く

全ヨーロッパの制覇。歴史上、誰もなし遂げたことのないその事業を、コルシカ生まれの**ナポレオン・ボナパルト**は達成目前にいました。フランス皇帝ナポレオン1世となった彼の前にヨーロッパ大陸のすべての君主が首を垂《た》れ、表立って反抗するのはもはやイギリスのみとなり、ナポレオンはイギリスを干上がらせようと**大陸封鎖令**を発動します。

けれども、大陸封鎖令は諸刃《もろは》の剣《つるぎ》でもありました。イギリスを海上封鎖するつもりが、逆に海軍力で勝るイギリスにより海上封鎖をされ、経済不安が生じたのです。1808年にはスペインで民衆による**レジスタンス**が始まり、イギリス軍の支援を受けたそれは容易に鎮圧できそうにありませんでした。それに加え、たび重なる激しい雷雨の結果、フランス全土が深刻な飢饉に見舞われます。もはや一刻もパリを離れることなく、経済不安の一層に邁進すべきところでしたが、ロシアによる大陸封鎖令違反が露骨化するに及んでは放置しておくことができず、1812年6月12日、ナポレオンはみずから陣頭指揮を執《と》って、**ロシア遠征**に乗り出します。率いるは60万の大軍ですが、フランス兵は約半分で、残りの半分は寄せ集めの傭兵集団からなっていました。

速戦即決。主力同士の会戦に勝利にすればロシアも屈服するに違いなく、それで遠征は終わる。しかし、このナポレオンの読みは大外れでした。自分より年少の将バラクライから全軍の指揮を受け継いだ老将クトゥーゾフは8月26日のボロジノの会戦で大敗北を喫しても降伏することなく、ナポレオンをさらに奥深く誘い込む戦術を続けたのです。

9月1日、ナポレオン軍がモスクワに入城したときには、27万5000人いたはずの人口が1万人にまで減少していました。ありったけの食糧を持参して、ロシア軍とともに避難してしまったのです。これでは必要物資の現地調達は不可能でした。

翌日には大火が起こり、ナポレオン軍はそれを完全に鎮火させるまでに6日間を要しました。大半が木造建築であったことから、建物の3分の2が失われ、冬の到来が近いというのに、これでは暖をとる場所さえ確保できないのは目に見えていました。

「冬将軍」に撤退を余儀なくされたナポレオン軍

パリをいつまでも留守にしておくわけにもいかないので、ナポレオンは10月7日から撤退を開始します。食糧と飼い葉は足りていたのですが、それを携えていけば、隊列が長くなるのは避けられません。それこそロシア軍の思うつぼで、騎兵による急襲が何度も繰り返され、ナポレオン軍を苦しめました。

不幸は重なるもので、その年は例年より早く降雪が始まり、氷点下20度の寒さがナポレオン軍を襲いました。いわゆる**「冬将軍」の到来**です。寒さと飢えと奇襲にさらされ、やせ細るばかりのナポレオン軍。安全圏に逃げおおせたときには、60万人いた兵士わずか数万人という記録的な大惨敗に終わったのでした。

ロシアの「冬将軍」を甘くみてはいけない。その念はヨーロッパの軍人に深く植えつけられたはずなのですが、時の風化と上からの命令には逆らえず、**第二次世界大戦に際して、ナチス・ドイツ軍が同じ失敗を繰り返しました。**

8 地球温暖化〜人類に迫られる、制御すべきか自然に任すべきかの選択

地球温暖化が温室効果ガスの排出による**オゾン層の破壊**に起因することは、アメリカの

トランプ大統領とその支持者を除けば、もはや世界周知の事実で、科学的な裏づけもなされています。いまだ継続中のシリア内戦の背景にも、地球温暖化による厳しい旱魃《かんばつ》の連続があったとの説が唱えられています。

『米国科学アカデミー紀要』に2015年の3月2日付で掲載された論文によれば、シリアでは2006年後半に始まった旱魃が3年にわたって続き、史上最悪を記録しました。1年や2年であれば耐えられたのかもしれませんが、3年ともなると不可能です。多くの農民が家族を連れて村を捨て、大挙して都市部に流れ込みました。

この結果、都市部とその周辺地域では食糧価格の高騰や住宅の不足などに起因する社会的混乱が生じたにも関わらず、政府が無為無策に過ぎたことから、イスラーム過激派などに乗じする隙を与えたというわけです。

温室効果ガスの大規模な排出は**産業革命**を契機としますが、小規模なものは人類による火の使用、さらには生物の誕生にまでさかのぼります。二酸化炭素を排出するものすべてが元凶なのですから。

人類の進化の道筋は一つではなく、**火の使用の始まりは大きな結節点**でした。環境にあわせ体質を変えていくことをやめて、工夫により環境を変える方向に改めたのですから。

環境に合わせるか環境を改めるかで人類が大きく二種類に分かれた結果、長期的にみれば後者が生き残ったわけですが、人類は知らずしてこの時点から大きな重荷を背負うことになったのでした。

海面の上昇や海の酸性化も地球温暖化の影響といわれます。そのため、20世紀末頃から、温室効果ガスの排出削減を目指す国際的な取り組みが本格化したのですが、２０１６年１月、ドイツの研究チームがこれに関してユニークな研究結果を科学誌『ネイチャー』に発表しました。それは温室効果ガスの排出は悪いことばかりではなく、次の氷期を遅らせたとする内容でした。

そのチームの研究によれば、氷河作用のきっかけとなる条件を分析したところ、太陽の周りを移動する公転軌道上の現在の位置は、氷河作用開始につながり得るが、それには大気中の二酸化炭素の量が多すぎるのというのです。

氷期は10万年周期に到来するというのが従来の説ですが、それはここ80万年のことにすぎません。地球が氷期に入るかどうかを決める基本的な要因は公転軌道、すなわち太陽を中心として周回する軌道の変化にあり、同チームの計算によれば、**数百年前には次の氷期が始まるのにうってつけの状況にありましたが、地球の側でそれを阻《はば》む出来事が起きた**のでした。

イギリスに始まる産業革命がそれで、**大気中の二酸化炭素が急増したことにより、氷期到来の絶好のタイミングが外された**というのが彼らの説です。

温室効果ガスの排出をうまくコントロールすれば、間氷期をまだ数万年継続させることが可能ということですが、海面の上昇や氷河の減少、砂漠化の進行、旱魃の多発といった現象にどう対処したらよいのか。

残念ながら、同チームの研究はそれらの点について何の答えも示しておらず、これは人類全体で考えねばならない課題であるのかもしれません。

第7章

「モノ」を押さえれば世界史がわかる

1 **シルク**～生活必需品ではなく、贅沢品の象徴だった

2 **鉄**～侵攻時に真っ先に抑えるべきは鉄の産地だった

3 **香辛料**～大航海時代の呼び水ともなった生活必需品

4 **銅銭**～日本をはじめ、各地で重宝された中国製の銅銭

5 **銀**～国際通貨として通用し、一時はスペインが市場を独占

6 **新作物**～人口爆発の要因となったサツマイモ、落花生、トウモロコシ

7 **茶**～英国社会に浸透した喫茶の習慣がアヘン戦争の遠因となった

8 **焼き物**～白い磁器製造に最初に成功したのはドイツのザクセン公だった

9 **金**～アメリカのゴールドラッシュは移民社会を生み出した

1 シルク〜生活必需品ではなく、贅沢品の象徴だった

シルクロード（絹の道）の命名者は19世紀ドイツの地理学者リヒトホーフェンです。中国と西洋との東西交易において、西洋側でもっとも歓迎された商品が**シルク**であったことに由来しています。

今さらながら、シルクとはカイコガの幼虫（蚕《かいこ》）が繭《まゆ》の生成時に排出する生物繊維から得られる繊維原料および製品のことで、その歴史は前3000年代中頃にまでさかのぼれます。

前1000年頃から対外輸出も始められますが、その生産方法は極秘とされ、蚕の国外持ち出しも固く禁止されていました。独占状態を保っていれば、言い値での取引が続けられる。利潤を第一に考えての処置だったのです。

北方民族の**匈奴**《きょうど》はシルクと馬を交換する絹馬交易か略奪に頼るしかなく、西方の**ローマ帝国**ではシルクは同じ重さの金《ゴールド》と取引されるなど、中国産シルクは世界中から垂涎《すいぜん》の的《まと》となったのです。

陸海のネットワークで結ばれていたシルクロード

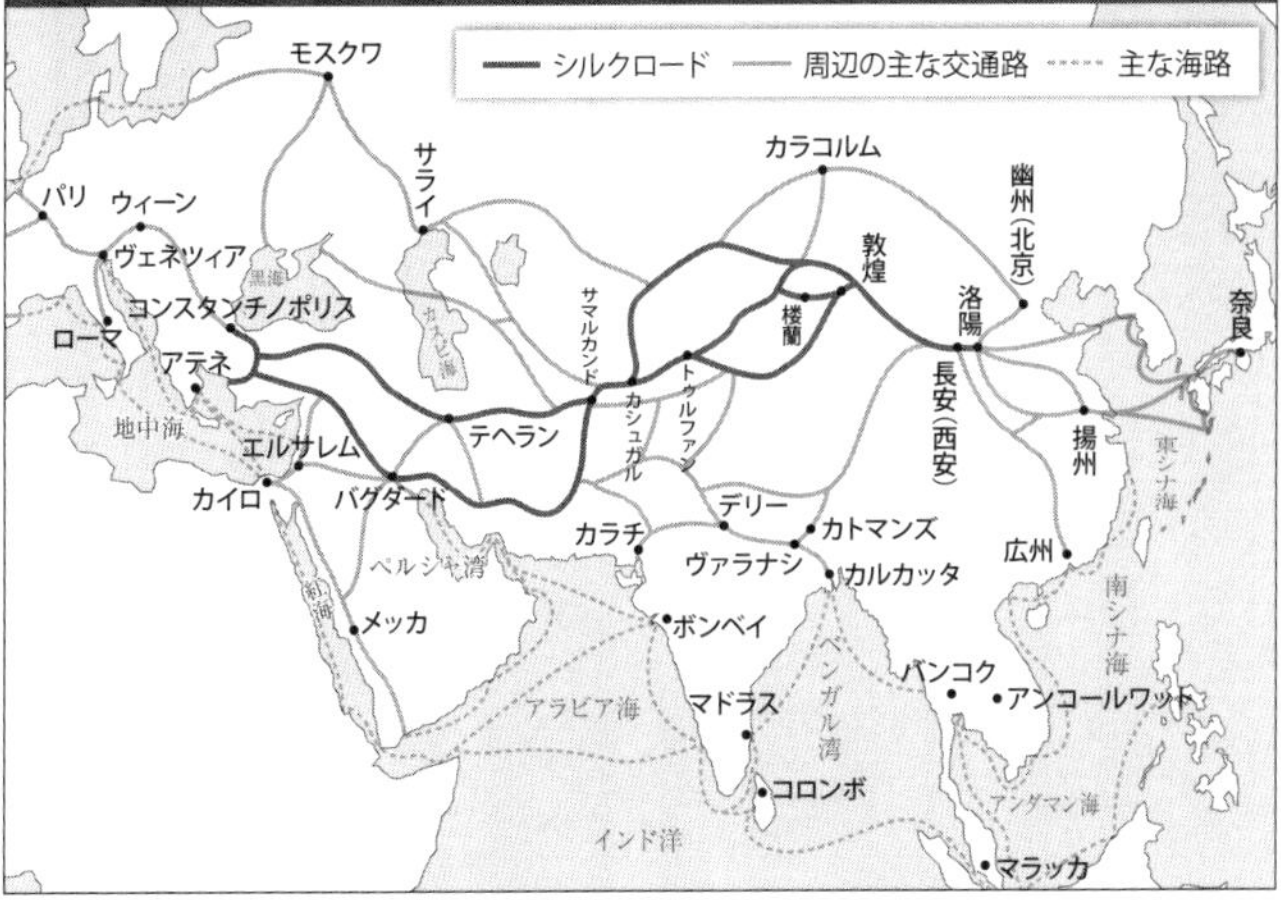

しかし、独占状態がいつまでも保てるはずはなく、世界各国があの手この手を駆使して秘密を探ろうと試み、そのかいあって蚕がカギであることは知れわたります。残された一番の問題はどうやって蚕を国外に持ち出すかでした。

唐の時代、仏典を求めてインドに旅した玄《げん》奘《じょう》の事績は、弟子たちの手により『大唐西域記』としてまとめられますが、その中に現在の新疆《しんきょう》ウイグル自治区和田《ホータン》市にあたるウテン国（ホータン）の王とシルクにまつわる話が載せられています。

その昔、ホータンは貧しい町でした。どうすれば賑わいのある町に変えられるか。日々悩み続ける王はあるとき、隊商が運ぶ絹織物を見て一計を案じます。盗み出すしかないと。そこでシルクの技術を持つ国の王女と婚約し、「シルクの技術を教えてもらえないでしょうか」と密かに頼んだのです。彼女はさんざん悩んだ末に国禁を破り、蚕の卵と桑の種を髪の冠の中に隠して持ち出し、ホータンに伝えたという話です。

この出来事は敦煌《とんこう》の壁画にも描かれていますから、非常に古い伝説で、広く知られていたものと思われます。史実かどうかは明らかではありませんが。

527年に即位した**ユスティニアヌス1世**は**ビザンツ帝国**中興の祖ともされる名君ですが、当時は絹を手にするにはイラン商人を介さなければならず、仕入れ値からして高額なのが、帝にとってもとても大きな悩みの種でした。

イランとイラクを統治する**ササン朝**を排除できないのであれば、技術移転を試みるしかない。そのためなら、非合法手段でも構わない。それがユスティニアヌス1世のいたった結論でした。

かくして550年頃、ユスティニアヌス1世は二人の修道士を中国に派遣します。2年後に二人が帰国したとき、二人が肌身離さず所持していた竹の杖《つえ》の中には蚕の卵が隠されていました。これによりヨーロッパでも養蚕が始まり、中国による独占は終わりを告げたのだと伝えられます。

ちなみに、シルクロードといえば、砂漠のオアシスを結ぶオアシスの道だけと思われがちですが、実際の東西交易では天山山脈の北側を行く**草原の道**も利用されました。広い意味でのシルクロードは東西交易に限らず、南北交易も含まれ、その交易網はユーラシア大陸全域と東南アジアの島嶼《とうしょ》部にまで及んでいたのです。

運ばれた荷物は場所や時期によって異なりますが、家畜の輸送力に依存した陸のシルクロードでは、日常必需品ではなく奢侈《しゃし》品がメインでした。**シルクは贅沢の象徴**であって、それがなければ困るというほどのものではなく、西洋から中国にもたらされた金銀製品についても同じことがいえます。

2 鉄 ～侵攻時に真っ先に抑えるべきは鉄の産地だった

鉄器といえば、小アジアを中心に栄えた**ヒッタイト帝国**の発明品と思われがちですが、実のところ、製鉄技術はヒッタイト人が入植する以前からそこにいたハッティ人から受け継いだもので、その起源は前2500年頃にまでさかのぼれるといわれています。

ヒッタイト帝国が栄えたのは前1650年頃から前1200年頃までの間。同帝国の滅亡とともに周辺地域に製鉄技術が広まり、オリエント全体が鉄器時代に入ったのです。西欧が鉄器時代に入るのは前8世紀中頃、中国のそれは戦国時代のことでした。

農機具や武器づくりに欠かせないことから、強国を目指す君主にとって、鉄資源の確保は必須の課題でした。具体的には鉄鉱石の産地を支配下に収める必要があったのです。

鉄を求めての戦争。それをとことん追求し続けた一人として、モンゴル帝国の創始者**チンギス・ハン**を挙げることができます。

チンギスはモンゴル部族のキヤト氏族に属するボルジギン氏の一員でした。モンゴル高原は鉄資源の乏しい地でしたが、その周辺には鉄資源に恵まれたところが多く存在しました。チンギスが大業をなすにはまず、それらの地を奪取する必要があったのです。

当初、チンギスはモンゴル高原中央部に盤踞《ばんきょ》する**ケレイト・ハン国**と同盟を組み、ケレイトから鉄資源を分けてもらっていたと推測されます。

もっともケレイトの版図《はんと》内にも鉄の産地はないので、ケレイトはそれを北隣りのメルキト氏族から手に入れていたはずです。メルキトが盤踞するバイカル湖の南東部は比較的豊富な鉄資源に恵まれていたからです。

ケレイトがチンギスの強大化を恐れ、鉄資源の分配をやめると、チンギスは新たな供給先を探す必要に迫られました。そこで目をつけたのが陰山《インシャン》山脈の北麓に盤踞するオングト氏族で、チンギスはオングトと同盟を結び、アルタイ山脈の北に展開するナイマン部族を滅ぼしました。

その目的は第一に陰山山脈北麓のバインオボ周辺で採掘される鉄資源の分与、第二にはナイマン領内で鉄資源に恵まれたアルタイ山脈やイルティシュ河流域を奪取することにあったのです。

チンギスが次に狙ったのはタングート族の西夏北辺の山々で、これまた鉄鉱山が散在する地域でした。チンギスは1206年には**クリルタイ**という部族会議で、正式に遊牧諸民族の統一君主と認められますが、その翌年に実施したキルギスへの攻撃も、モンゴル高原周辺で最大の鉄資源産地であるケムケジュートを奪取するのが目的だったのです。そこはモンゴル高原北西部を流れるエニセイ河上流のミヌシンスク盆地上にあり、中国の史書にも「鉄をよく産する」ところと記されていました。

生き残りのために始めた鉄資源の確保が野望を募らせ、ついには大帝国の礎《いしずえ》を築くことになった。それこそがチンギスの後半生であったともいえます。

チンギスと鉄の関係はのちには伝説化され、モンゴルの起源を語る鉄山溶解の話が生まれます。その話とは、モンゴルの祖先はアルクネ谷というところで暮らしていましたが、人口が増えるに伴い、そこから出る必要が生じました。けれども、なかなか抜け道が見つかりません。やがて一つの鉄山を見つけたので、森林を切り開いて薪《まき》と炭を用意し、牛馬を殺してその革からフイゴを作り、火を風で送ることで鉄山を溶かして外への道を切り開いたという伝説です。これはユダヤ系イラン人の政治家ラシードッディーンの著作『集史』に見られる話で、もしこれが古くからある伝説であれば、大した予言といえるでしょう。

同じことはチンギスの本名についてもいえます。彼の本名はテムジンで、それはモンゴル語で鍛冶屋《かじや》を意味する「テムルチ」に由来するとされています。これを運命の一言で片づけてよいのかどうかは判断に迷うところです。

3 香辛料 ~大航海時代の呼び水ともなった生活必需品

14世紀に異常気象とペストの大流行に見舞われたヨーロッパでは人口が大幅に減少。**意外なことに、それは生活水準の向上をもたらしました。過剰であった人口が生産と釣り合**

うまでに減少したからです。それに伴い、食事の中身が量から質へと変わり、パンと雑穀《ざっこく》粥《がゆ》ばかりの食卓に獣肉が加わるようになったのです。

けれども、冷凍庫や冷蔵庫などない時代ですから、肉をどうやって長期保存するかが重大な課題でした。考えうる唯一の解決手段は**香辛料**《こうしんりょう》にまぶすことで腐敗を遅らせること。そのためには大量の香辛料が必要とされたのですが、15世紀以前のヨーロッパでは香辛料の値段が非常に高く、流通量も限られていたことから、裕福な家でも十分な量を確保できずにいました

なぜ、香辛料の値段が高く、しかも希少であったのか。それは香辛料の産地がインドから東南アジアにかけてで、一大集散地であるインドの西海岸からヨーロッパにもたらされるまでにはオスマン帝国領内を通り、さらには対オスマン交易を独占していた**ジェノヴァ商人**の手を経なければならず、それ以外のヨーロッパ商人の手に渡った時点で、非常に高価になっていたからです。

香辛料の安定供給と低価格化を同時に図れる策はただ一つ。オスマン領内を通らなくてもよい新航路を開拓して、インドやそれぞれの産地と直接取引をすることでした。

存在も定かでない航路を開拓しようというのですから、失敗に終わる可能性が高く、富

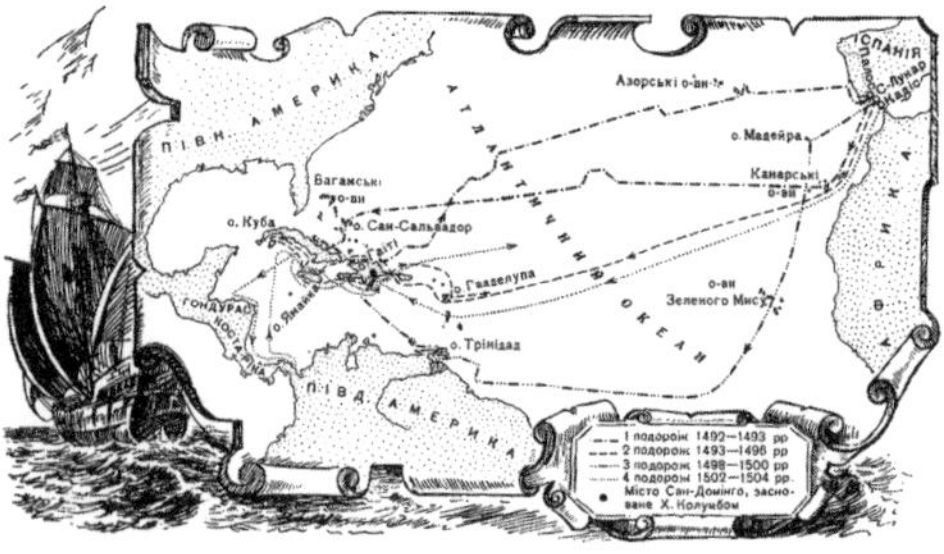

Карта плавань Христофора Колумба.

大航海時代のさきがけ・コロンブスが往来した航路

裕な商人でも二の足を踏む事業でした。そうなれば、パトロンとなりうるのは王侯しかなく、その中でも可能性のあるのはレコンキスタ（国土回復運動）を通じて中央集権化を強めていた**ポルトガル**と**スペイン**の二ヵ国だけで、後者に狙いを定めた**コロンブス**の目に狂いはなかったのです。

この両国にとって、**インドへの新航路開拓**には政治・宗教的な意味も込められていました。イスラーム国家であるオスマン帝国を打倒するにはヨーロッパの力だけでは足りず、アジア側に同盟者を見出し、オスマン帝国をはさみ撃ちにする必要がある。その同盟者として当てにされたのが、キリスト教の君主が治めると伝えられた「**プレスタージョンの国**」でした。

実のところ、「プレスタージョンの国」なる国は存在せず、エチオピアのキリスト教を奉じる民族か、キリスト教でもネストリウス派を信仰したケレイトの存在が誇張して伝えられたもののようですが、すでに矢は放たれ、新航路の開拓にはキリスト教徒の同盟者を探し当てるという政治・宗教的目的も加味されたのでした。

結果として、ポルトガルはアフリカ南端を迂回する航路、スペインは南米大陸南端を迂回して太平洋に抜ける航路を開拓するのですが、長い道のりであれば、事は航路の開拓だけで終わらず、中継点と拠点の確保も不可欠となりました。そのつど、現地勢力と交渉していたのでは時間がかかるため、自国の軍人を常駐させ、事をスムーズに運ぶ必要があったのです。

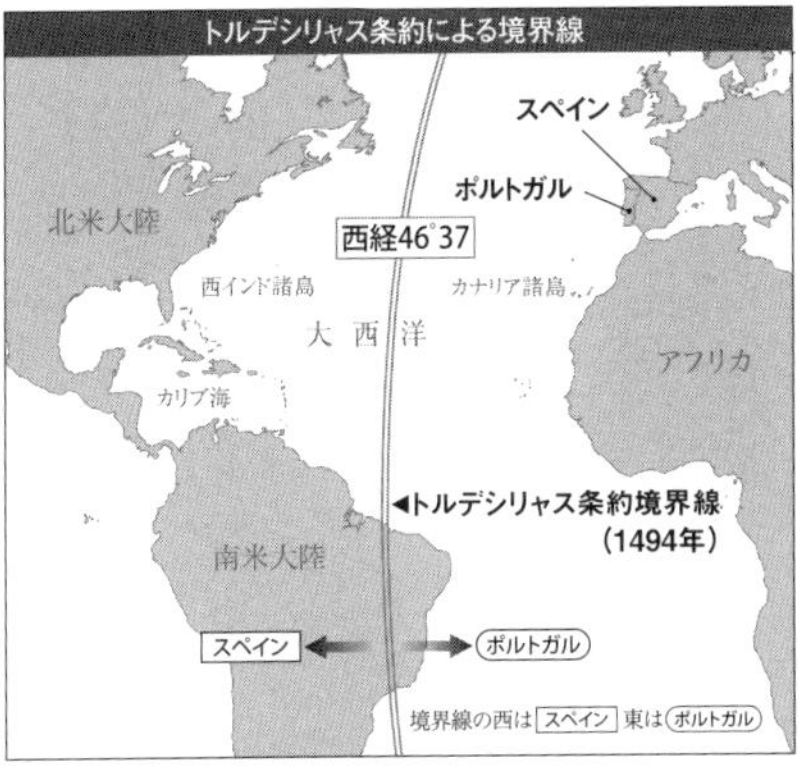

トルデシリャス条約による境界線

こうした点の支配はやがて線の支配、そこからさらに面の支配へと変遷して、植民地化が進められたのでした。

残された問題はスペインとポルトガルの陣取り合戦ですが、それを回避させるために教皇アレクサンドル6世が乗り出します。1494年、アフリカ西岸のヴェルデ岬諸島の西600キロ弱を通る子午線を境とし、それ以西をスペイン、以東をポルトガルの取り分とする「**トルデシリャス条約**」の締結へと導いたのです。

これにより南米大陸でもブラジルだけはポルトガルの取り分として確保されたのでした。

4 銅銭 ～日本をはじめ、各地で重宝された中国製の銅銭

中国製品が世界中を席捲。それは今に始まった現象ではなく、11世紀から13世紀にも見られた現象です。

その製品とは銅でつくられた貨幣、すなわち**銅銭**で、宋王朝の時代にあたることから宋《そう》銭《せん》とも呼ばれます。

宋王朝は都の位置から北宋と南宋に分けられますが、北宋では天下統一の当初から、銅の産出量の少ない四川を除いて、全国で銅銭が流通していました。

近代以前の中国通貨は円形で、真ん中に方形の穴の開いているのが特徴ですが、これは偽造防止ではなく、運びやすさを考慮しての工夫でした。真ん中に穴があれば、そこに紐《ひも》を通すことでまとまった額を運ぶことができる。その紐は差《さ》しとか串と呼ばれ、その運び役を専門とする担銭人という職業までありました。

差しにして運ぶのは100文か1貫文（1000文）という単位で、銅銭1貫文の差し

は長さ160センチメートル以上、重さは3・5キロほどになります。商人層はこれを常に持ち運ぶ必要があったのですから、専門の運び屋を雇うのも納得できます。

銅銭は北宋と南宋を通じて標準通貨となったわけですが、銅は限りある資源なので、北宋では建国当初から銅銭の輸出と国外への持ち出しを禁止していました。これは「銅禁」と呼ばれ、違反者はその金額に応じて、軽い者は徒刑《とけい》、重い者は棄市《きし》という極刑に処されました。徒刑とは労役刑のことで、棄市とは死刑のことです。殺されて終わりではなく、斬首《ざんしゅ》ののち、市場に首を晒《さら》されるというもので、当人はもとより、親族にとっても大変不名誉な刑でした。

こうした厳しい姿勢で臨んだにもかかわらず、商業の著しい発展による流通量の激増と対外貿易の盛行による国外流出のダブルパンチにより、宋では南北両時代を通じて「銭《せん》荒《こう》」に悩まされます。銭荒とは銅銭の絶対的な不足のことで、銭飢饉と呼んでもよいかもしれません。

国外に流出した銅銭の行き先はどこかといえば、東は高麗《こうらい》や日本、北は契丹・西夏・金、南はジャワ島・スマトラ島・マレー半島、西はイランを始めとする西アジア一帯からアフリカ東海岸のソマリランド、ザンジバルにまで及びましたが、**これらの中でも日本の輸入**

量は群を抜いていました。

宋では重要な海港に市舶司《しはくし》という役所を設け、貿易と出入国の管理を任せました。もっとも出入りの多かったのは現在の広東省広州市で、福建省泉州市がこれに続き、日本と高麗に関してのみ山東半島の板橋鎮《はんきょうちん》、現在の山東省膠州《こうしゅう》市がその窓口となりました。

けれども、専門の役所を設けながら、それでも銅銭の流出を制御できなかった理由は、銅銭の輸出が莫大な利益を約束していたからにほかなりません。それはまた、市舶司の目をかすめ、あるいは市舶司に賄賂を渡すことで見逃してもらい、遠洋航海に挑む宋船が多かったことのあらわれでもありました。

宋代は造船技術と航海法が非常に進化したときでもあり、アラブ世界伝来の**羅針盤**が実用化されたのもこの時代です。乗組員の人数が数百人から千人にも及ぶ大型船舶も現れ、それらが南シナ海やインド洋にまで進出し、ペルシア湾（アラビア湾）に達する船さえありました。それまでアラビア商人とインドのグジャラート商人の独壇場であった海域に中国商人が参入するようになったのです。その中で現地に定住した者たちが、**華僑**《かきょう》の先駆者であったわけです。

5 銀 ～国際通貨として通用し、一時はスペインが市場を独占

先述したように、ハプスブルク帝国はカール5世（カルロス1世）の晩年にスペイン系とオーストリア系に分けられ、スペイン・ハプスブルク家は嫡男のフェリペ2世が継承しました。その版図はスペイン本土に加え、現在のベネルクス三国、イタリア半島の南半分、シチリア島、サルデーニャ島、ラテンアメリカの大半、カリブ海の島々、太平洋上のフィリピンにまで及びました。

16世紀後半に国際通貨として広く通用した**銀**に限っていえば、フィリピンの海港都市マニラが最大の拠点と化していました。メキシコのサカテカス銀山、ペルー副王領（現在はボリビア領）のポトシ銀山、日本の石見銀山で産出されたものがここでいったん集められたのち、本国へと運ばれました。**世界で産出される銀の9割以上をスペインが握っていたのです。**

しかし、その大量の銀はスペイン本土で新たな産業を振興させることにも、イギリスに先駆けて産業革命を起こすことにもつながりませんでした。建築や絵画など芸術の分野に費やされた分もありますが、それより何より、**大半の収益は軍事費に投ぜられた**のでした。

版図が広すぎるのは困ったもので、スペインは地球上どこかで常に戦火を交えなければなりませんでした。

北イタリアではフランスと覇権争いを演じ、ネーデルラントでは八十年戦争と呼ばれる独立戦争に手を奪われ、カリブ海ではイギリス王公認の海賊たちに翻弄されるなど、戦費がいくらあっても足りない状態にあったのです。

このため、スペインが手にした銀はそのまま軍費にあてるのではなく、国際金融業者から資金の借り受けをする際の担保として機能するようになります。

けれども、それは返せるあてのない借金にほかなりませんでした。すべての戦争を勝利で終わらせ、相手から莫大な賠償金や身代金を回収しないことには、利息を払うだけでも難しかったからです。

はたして、銀の投げ売り状態は銀の価値を押し下げ、物価の高騰を招きました。それに追い打ちをかけるように中南米での銀の産出量が軒並み急減します。海賊の活動もオランダ公認のそれが加わったことにより、いっそう活発化するなど、スペインにとって悪条件が重なりました。

すでにフェリペ2世のときから何度も繰り返してきたことですが、17世紀のスペイン王もたたび破産宣告を行なわざるをえませんでした。そうなれば、国際金融業者が撤退を決めるのも無理はなく、**スペインはヨーロッパの覇権争いから脱落しただけではなく、貧乏国へと転落していきます**。1700年にはハプスブルク家の血統が絶え、14年間におよぶスペイン継承戦争の結果、ルイ14世の孫にあたるアンジュー公フィリップがフェリペ5世として王位継承を認められ、スペインはブルボン家の統治下に置かれたのでした。

一方、銀本位の貨幣制度はその後も維持されますが、1816年にイギリスが世界で最初に**金本位制**に移行してから流れが変わり、1880年代にはヨーロッパ諸国のほとんど、1897年には日本、1900年にはアメリカが金本位制に移行します。世界の主要国すべてが金本位制に移行したわけですが、それも1929年に始まる世界大恐慌で揺らぎ始め、現在の管理通貨制度へと移行するのでした。

6 新作物 ～人口爆発の要因となったサツマイモ、落花生、トウモロコシ

大航海時代は世界の食生活を大きく変えました。主食の交代や現在につながる名物料理を生み出したところもあれば、**人口爆発**を起こしたところもあります。

人口爆発を起こしたところでは、清王朝統治下の中国とヨーロッパ諸国、サハラ砂漠以南のブラック・アフリカが挙げられます。この中で中国の人口爆発に直結したのが**サツマイモ**と**落花生**、**トウモロコシ**でした。

中国の人口は17世紀初頭に1億5000万人から2億人と、一つのピークを迎えました。明王朝末期の自然災害や動乱でそれが激減しますが、清王朝が安定期に入ると回復して、1700年頃には1億5000万人にまで回復。

1770年代には2億8000万人、18世紀末には3億、19世紀前半には4億を超えたと推測されています。

こうした人口爆発を支えた要因として第一に挙げられるのは水稲の技術改良で、第二のそれが右に列挙した新作物の導入なのです。

サツマイモと落花生、トウモロコシに共通するのは大量の灌漑《かんがい》用水を必要とせず、従来は耕作に向かなかった山地でも栽培が可能なところです。

いずれも高カロリーな食品であるため、エネルギー源としても十分。サツマイモはふかして、落花生で茹《ゆ》でて食し、トウモロコシはそのまま茹でる手もあれば、乾燥させたものを粥《かゆ》にするか、粉にして饅頭《マントウ》にする手もあるなど、使い道は豊富でした。もちろん家畜の飼料としても有効です。

食糧の安定確保が人口の増加に直結することはいうまでもありません。平均寿命は延び、乳児死亡率も激減しました。

清王朝下で起きた人口爆発が今日の人口大国中国の出発点なのですが、先述したように、ヨーロッパではジャガイモとトウモロコシによって人口爆発が起こり、海外移住の波を呼び起こすことになりました。

ブラック・アフリカ（サハラ砂漠以南の黒人が居住する地域）については頼るべき統計がないのですが、トウモロコシでつくった薄いパンやキャッサバというイモを主食とする地域が多くあることから、ヨーロッパ人による植民地化と並行してトウモロコシが普及。多少の日照りをものともしない作物の導入により食糧不足が大幅に緩和され、人口爆発の起きたことが推測されます。

アメリカ大陸原産の作物にはトウガラシやトマトも含まれます。別の言い方をすれば、大航海時代以前のイタリア料理には**トウガラシ**や**トマト**が使われておらず、パスタのアラビアータもトマト入りのサラダもなかったわけです。

同じことは韓国料理や四川《しせん》料理にあてはまります。韓国へのトウガラシの伝播は日本経由のようで、キムチはそれ以前からありましたが、塩を使うくらいで辛さはなく、現在の水キムチに近かったと思われます。

トウガラシはキムチを漬けるときだけでなく、コチュジャンのようなソースの原料ともされ、広く一般に普及したのでした。

四川料理といえば、誰もが麻婆豆腐《まーぼーどうふ》と担々麺《たんたんめん》を思い浮かべると思いますが、この二つも歴史は浅く、麻婆豆腐は19世紀中頃、陳興盛飯鋪の店主陳春富が早死にし、未亡人が店を切り盛りしていたとき、行商人など、力仕事をする人びとのために考案した料理で、彼女の顔にニキビ跡が多く、「陳麻婆（あばたの陳おばさん）」の愛称で親しまれていたことから、麻婆豆腐の名が定着したのでした。

担々麺の誕生も同じ頃で、その歴史は現在でいう中食《なかしょく》に始まります。天秤棒を担《かつ》いで売りに来たことから、担々麺と呼ばれたのですが、そういう売り方であればスープを運ぶのは難しく、本来の担々麺は汁なしが当たり前でした。しかも、どんぶりではなく、小さなお椀に盛られています。それ一杯で昼食を済ますというのではなく、あくまで小腹がすいたとき食べるファストフードだったのです。トウガラシに加え、花椒《ホアジャオ》と呼ばれる山椒《さんしょう》を多用するのが本来の味です。

7 茶 ～英国社会に浸透した喫茶の習慣がアヘン戦争の遠因となった

お茶の樹の原産地といえば、現在のインドのアッサム州から中国雲南省にかけてや、同じく中国の福建省などが候補に挙げられていますが、**喫茶**《きっさ》の習慣が最初に根づいたところと時代といえば、中国の宋の時代になります。

喫茶そのものは後漢時代までさかのぼれますが、茶葉自体が非常に高価なものであったため、一般庶民には縁のない代物《しろもの》でした。一般庶民までもが日常的に喫茶を楽しめるようになったのが宋の時代です。これには商業都市の誕生と流通網の整備が深く関係していると考えられます。

とはいえ、喫茶の習慣は全国区とまではいかず、現在の山西省のような空白地帯がいくつも存在します。どうしてかは定かでありませんが、地元で茶葉が生産されないことと、茶葉の交易路から外れていたことが関係しているのかもしれません。

宋から清の時代までを通じて、北方の遊牧民の世界では野菜の絶対量が足りておらず、バター茶を飲むことで補っていました。そのために馬と茶を交換する茶馬交易が行なわれていたのです。

同様の交易は雲南省とチベットの間でも行なわれており、そのルートは現在、「茶葉古道」の名で人気の観光名所にもなっています。

喫茶の習慣がヨーロッパに伝えられるのは大航海時代が本格化してからで、一番大きな役割を果たしたのは**ポルトガル**と**オランダ**でした。

オランダ人がマカオと現在の長崎県平戸市で買いつけた茶葉を初めて本国に持ち帰ったのは1610年のことでした。それが貴族や富裕層に歓迎されると、1690年にはジャワ島に自前の茶園をオープンさせます。これにより茶の価格は下がり、一般庶民にも喫茶の習慣が広まるのでした。

同じく南シナ海で活動していたポルトガルの動向はオランダとは異なり、喫茶の習慣が広まることはなく、一部富裕層に万病に効く東洋の神秘薬として飲まれるのみでした。

ところが1661年、ポルトガルのキャサリン王女がイギリスのチャールズ2世に嫁ぐにあたり、健康維持のために一塊の茶葉を持参したことがその後、歴史を大きく変えるきっかけとなりました。

このとき、ポルトガル王家は婚資としてモロッコのタンジール（現在のタンジェ）とインドのボンベイ（現在のムンバイ）をイギリスへ割譲しますが、それとは別にキャサリン王女自身が一塊の茶葉と七隻の船に満載した砂糖を持参したのです。チャールズ2世は銀を要求していたのですが、当時は砂糖に銀と同等の価値が認められていたため、チャールズ2世も納得したということです。

この婚姻をきっかけにイギリスの宮廷内、ついで貴族層に喫茶の習慣が広まり、イギリスのアジア進出を後押しすることになるのです。清王朝統治下の中国との直接取引が始まると、茶葉の輸入量が増え、価格も下がったことから、中下流層にも喫茶の習慣が広まりました。

優雅なアフタヌーンティーを楽しんだ貴族層に対し、都市部の下層労働者は砂糖入りの紅茶をもって朝食に代えるなど、飲み方はいろいろでしたが、茶葉の需要が右肩上がりに増え続けていることに違いはありませんでした。

イギリスはインドの綿織物、中国の茶葉と陶磁器などの輸入を増やす必要に迫られましたが、ここで深刻な問題に直面します。

イギリス側に輸出に堪《た》えうる商品がなかったのです。毛織物製品には自信があったのですが、気候の異なるインドや中国では需要がまったくなく、イギリスはやむなく銀を代価にあてていたのです。

けれども、銀の一方的な流出がいつまでも続くようでは国庫の破綻《はたん》を免《まぬが》れません。そのため、イギリスはインドでは植民地化、中国ではアヘンの密売に手を染めるようになったのです。

その行き着く果てが1840年に始まる清王朝との**アヘン戦争**、1857年に始まる**インド大反乱**、1877年の**インド帝国の成立**でした。ヴィクトリア女王がインド皇帝を兼ねる同君連合の形式がとられましたが、内実は植民地支配以外の何ものでもなく、**インドはイギリスの貿易赤字を埋める都合のいい市場、中国の長江流域はイギリスの利権が集積した半植民地と成り果てた**のでした。

8 焼き物 ～白い磁器製造に最初に成功したのはドイツのザクセン公だった

近世のヨーロッパではお茶と並び、コーヒーとチョコレートが嗜好《しこう》飲料として広まりました。ココアではなくチョコレートです。当初のチョコレートは固形ではなく、液体として愛されていたのです。

どれを飲むにせよ、貴族や富裕層の家庭ではそれなりの食器を揃える必要がありました。舶来品である陶磁器からなる食器です。

陶磁器の中でももっとも人気の高かったのは**白磁**《はくじ》です。中国の六朝《りくちょう》時代に生まれ、宋代に最盛期を迎えた代物で、**景徳鎮窯**《けいとくちんがま》のものがもっともポピュラーでしたが、舶来品であれば当然値もはります。それを国産化できれば、莫大な利益を生むのではないか。そう考え、実行に移す者が現れるのは時間の問題でした。

その役目を担ったのはドイツのザクセン選帝侯**アウグスト強王**でした。彼はオットセイ並みの絶倫家であると同時に、東洋磁器の蒐集家《しゅうしゅうか》としても知られ、自軍の兵士600人とプロイセン所有の中国磁器151個を交換したとの逸話も伝わるほどです。

アウグストは蒐集したコレクションで館《やかた》を飾るだけでは満足できず、1705年には弱冠19歳の錬金術師ヨハン・フリードリッヒ・ベドガーを監禁して、白磁の製造法を解明するよう命じます。

ベドガーは白磁の原料と焼成《しょうせい》に必要な温度もつきとめますが、当時のドイツでは1350度から1400度もの高温を保つなど、未知の領域であったため、ベドガーは途方にくれました。そこへ救世主のごとく現れたのが自然科学者でもあったチルンハウス伯爵で、ベドガーは伯爵の全面協力のもと、課題を次々にクリアして、1709年にはとうとう白磁の製造に成功したのです。次の年にはヨーロッパ初の硬質磁器窯「**マイセン**」が誕生するのでした。

当時のドイツは漠然とした地域にすぎず、ドイツ王と神聖ローマ帝国皇帝の位こそハプスブルク家により世襲されていましたが、その権勢は現在のオーストリアの外へはさほど及ばず、王国や侯国・公国が乱立する状況にありました。その中にあって、ミュンヘンを都とするバイエルンやドレスデンを都とするザクセンは一歩抜きんでた存在で、アウグストにいたってはポーランド王まで兼ねていました。

ときに同じドイツ内で、アウグストに激しい対抗意識を持つ君主がいました。ブランデンブルク選帝侯にして初のプロイセン公王となった**フリードリヒ3世**がその人で、彼の意志は子のフリードリヒ1世、孫のフリードリヒ・ヴェルヘルムへと受け継がれます。

プロイセンは新興勢力とはいえ、フリードリヒ3世の母はオランダの公女で、その兄オラニエ公ウィレム2世の息子はウイリアム3世としてイギリス王に迎えられています。歴史が浅い分を、軍備の充実と婚姻政策で埋めていたのでした。

プロイセンの打倒ザクセンへの思いは執念と呼べるほど強く、1745年の直接対決ではプロイセンが勝利を収め、アルブレヒト城の陥落に伴い、それまで門外不出とされてきた白磁の製造技術が国外へ流出。ヨーロッパ中に拡散するのでした。

ヨーロッパの白磁といえば、デンマークのロイヤルコペンハーゲン、オーストリアのアウガルテン、ハンガリーのヘレンド、イギリスのロイヤル・アルバートなども有名ですが、これらのうちマイセンに次いで古いのはオーストリアのアウガルテンで、1744年には皇室直属の窯に指定されています。

かくして、**ヨーロッパは輸入一辺倒から、自分たちの趣味により合致する国産の白磁製造へと舵を切り、数々の名品を生み出していく**のでした。

9 金
～アメリカのゴールドラッシュは移民社会を生み出した

古今東西、砂金や金塊などの**金**は富の象徴であり、貨幣の役割をも果たしてきました。古代遺跡からの出土物を見れば、権力者の墓からのそれなどは、金製品で溢れています。

誰が決めたわけでも、額面が表示されているわけでもないのにもかかわらず、人びとはその輝きや量、重さでもってその価値に関して共通の認識を抱いてきたのです。

大航海時代が始まると、身につけた金の装飾品が、アメリカ先住民に深刻な災いをもたらしました。

メキシコ中央高原に立ち入った**コルテス**も、南米アンデス山脈に立ち入った**ピサロ**も、黄金の輝きに魅せられて正気を失ったからこそ、蛮行に走ったのかもしれません。スペインの歴史では「**コンキスタドール（征服者）**」の名で呼ばれる彼らも、先住民からすれば疫病神でなければ、悪魔そのものでしかなかったのでした。

新たな金鉱が発見されれば、世界中から人が殺到する。そのことを明確に示してくれるのが、現代中国語でいう「旧金山」と「新金山」で、前者はアメリカのサンフランシスコ、後者はオーストラリアのメルボルンを指しています。

なぜ、サンフランシスコが旧金山かといえば、それは1849年に起きた**ゴールドラッシュ**と関係します。

その前年、メキシコ領からアメリカ領になったばかりのカリフォルニアで大規模な金鉱が発見されます。それから一年間だけで10万人もの人びとが押しかけたというから凄いものです。

それでも鉱山労働者が足りなかったことに加え、**西部開拓に弾《はず》みがつき、アメリカ東海**

岸と西海岸をつなぐ道路や鉄道の建設も盛んになります。

しかし、鉱山の採掘にせよ、鉄道の建設にせよ、大変な重労働なうえ、常に死の危険と隣合わせです。白人労働者でそれに堪えうるのはアイルランド移民だけで、それでは到底間に合いませんでした。

そこでアメリカが目をつけたのが清王朝統治下の中国で、１８６０年に締結した北京条約により、中国人の海外渡航を解禁させました。一攫千金を夢見て多くの中国人が海外を目指し、その多くが東南アジアに向かうなか、太平洋を横断してアメリカに向かう者も少なくなかったのです。そのケースで、上陸地となったのがサンフランシスコだったことから、そこに「旧金山」の名が与えられたのでした。

1869年に開通したアメリカ最初の大陸横断鉄道は、中国人労働者の存在がなければ開通が大幅に遅れていたはずです。枕木一本を設置するごとに中国人一人が死んだといわれるほどの難工事だったからです。

この工事が終了するのと時期を同じくして、アメリカ西海岸では中国人労働者排斥運動が起こります。鉄道の完成とともに大半の者は帰国したのですが、残って金鉱や都市部に流れた者たちが、きつい、危険、汚いの3K仕事を低賃金で引き受けたことに対し、白人労働者から猛烈な反発の声が沸き上がったからです。

これにより、アメリカ政府もアジア系移民の規制に乗り出さざるをえず、19世紀末には、アジア系移民の最初の波が終了するのでした。

一方、オーストラリアの場合も、現在のメルボルン市は入港地にすぎず、ゴールドラッシュの現場はメルボルン市を含むヴィクトリア州の広範囲に及びました。

こちらのゴールドラッシュは1851年から10余年続いたのですが、やはり世界中から一獲千金を夢見る人びとが集まり、一番多かったのはイギリス人でした。ただし、1861年の時点では、鉱山労働者の1割強が中国人でしたから、その存在は大いに目立ったはずです。

ゴールドラッシュ自体はその後も何度か起きていますが、いずれもアメリカのカリフォルニアとオーストラリアのヴィクトリア州のものには及ばず、中国語で「○金山」の名をつけられるにいたりませんでした。

このまま金の絶対量が微増に留《とど》まれば、その価値が大幅に下落することはありません。だからこそ、金は投資の対象として根強い人気を保てているのです。

【著者】
島崎 晋（しまざき・すすむ）

1963年東京生まれ。立教大学文学部史学科卒業。旅行代理店勤務、歴史雑誌の編集を経て、現在、世界史を中心に歴史作家として幅広く活躍中。
主な著書に『目からウロコの世界史』、『世界の流れがよくわかるアメリカの歴史』、『日本人が知らない世界の宗教タブーと習慣』、『なるほど!ザ・民族図鑑』、『いまがわかる世界史の教科書』（共著）など、多数ある。

企画・進行…廣瀬和二　湯浅勝也　高橋栄造　説田綾乃　永沢真琴
販売部担当…杉野友昭　西牧孝　木村俊介
販売部…辻野純一　薗田幸浩　亀井紀久正　平田俊也　鈴木将仁
営業部…平島実　荒牧義人
広報宣伝室…遠藤あけ美　高野実加
メディア・プロモーション…保坂陽介
FAX：03-5360-8052　Mail：info@TG-NET.co.jp

いっきにわかる! **世界史《せかいし》のミカタ**

平成30年10月1日　初版第1刷発行

著　者　島崎　晋
発行者　廣瀬和二
発行所　辰巳出版株式会社
〒160-0022
東京都新宿区新宿2丁目15番14号　辰巳ビル
TEL　03-5360-8960（編集部）
TEL　03-5360-8064（販売部）
FAX　03-5360-8951（販売部）
振替　00180-0-705733
URL　http://www.TG-NET.co.jp
印刷・製本　大日本印刷株式会社

ISBN978-4-7778-2197-6　C0022